Alfredo Urdaci

Benedicto XVI y el último cónclave

Los secretos de la elección del nuevo papa

Planeta

Diagonal, 662-664, 08034 Barcelona (España)

Primera edición: mayo de 2005
Depósito Legal: M. 19.627-2005
ISBN 84-08-06053-8
Composición: Víctor Igual, S. L.
Impresión y encuadernación: Brosmac, S. L.
Printed in Spain - Impreso en España

Índice

A los que conocen el valor de la esperanza,
a los que no se rinden,
a los que no sobrevaloran el presente.
Y especialmente a Álvaro,
que tiene el ingenuo candor de los genios

El problema central de nuestro tiempo es que estamos sordos a la voz de Dios. El agnosticismo se convierte en cotidianidad, en una elección de vida.

Joseph Ratzinger

Prólogo

La puerta de bronce de San Pedro vuelve a estar abierta. La hora del terror, aquel momento de temblorosa incertidumbre que seguía a la muerte de los papas en el primer milenio, ha terminado. El profundo vacío que en la Edad Media provocaba un momento de tinieblas en la cristiandad se ha llenado con un nuevo nombre, el de Benedicto XVI. El horror al vacío del medievo ha desaparecido. Ahora ya no se asaltan las basílicas para desnudar al pontífice muerto de sus últimas pertenencias, ni se saquea la residencia del cardenal elegido en el cónclave. El sentimiento de orfandad que dejó entre los católicos la muerte del papa más carismático y más apreciado del siglo XX se torna en expectación y esperanza. El cónclave ha enviado al mundo la señal de la fumata blanca. Fue a las seis menos diez de la tarde del martes 19 de abril de 2005. La imagen de la chimenea que conecta el secreto de la Sixtina con la multitud que esperaba en la plaza de San Pedro fue transmitida al mundo por todas las televisiones, rendidas a la imagen universal que expresa la continuidad del espíritu que aletea desde el Vaticano, vacilantes ante la ambigüedad del color del humo, hasta que catorce minutos después la gran campana de la basílica de San Pedro comenzó a sonar, perezosa. En la parroquia global que construyó Wojtila, las campanas de las iglesias cambiaron el ritmo del duelo con el que doblaron aquel 2 de abril desde las diez de la noche por un repique alegre y entusiasta. El interregno ha terminado. La sede vuelve a estar ocupada. *Habemus papam.* El cardenal chileno Medina Estévez, en su papel de protodiácono, pronunció con un cuidado parsimonioso las palabras que abren un nuevo pontificado. Las respuestas a las grandes preguntas, ¿qué papa?, ¿para qué Iglesia? y ¿en qué mundo?, tienen un nombre: *Josephus cardinales Ratzinger.* Es el designado para esa misión. Él es el Vicario de Cristo en la tierra. Su misión no es la de tomar el relevo de Juan Pablo II, sino el del propio Cristo. Su programa no debe ser una ampliación del de Wojtila, sino un magisterio basado en el Evangelio. Sin embargo, tendrá que continuar una obra colosal, la del apóstol que dio al pontificado el enérgico perfil de un pastor solar.

El cónclave, que nació en 1274 de la mano de Gregorio X, se creó para evitar periodos largos de sede vacante provocados por las tensiones entre los cardenales electores, la influencia de las familias patricias de Roma —los Della Rovere, los Medici, los Chigi...— y para huir de las presiones del poder temporal. Hasta 1903, fecha del último cónclave donde las potencias (Austria) utilizaron el derecho de injerencia (la llamada «exclusiva») para vetar la elección de un cardenal como pontífice, el Colegio no consiguió apartar de sus hombros la férrea mano de los imperios. En nuestro tiempo, los cardenales votan con absoluta libertad, de acuerdo con su conciencia, sin intereses de parte, y con un sistema de elección extraño, insólito, extraordinario. Hoy, el poder del mundo se reparte entre las cancillerías y el gran ojo de la televisión. El de abril de 2005 fue el cónclave del silencio, pero también uno de los pocos, no llegan a doce, en el que quien entra como gran favorito sale elegido papa, y eso a pesar de que el cardenal Ratzinger llegó con setenta y ocho años recién cumplidos, con una salud tocada, y votos en contra de los cardenales más abiertamente reformistas.

La fumata blanca se elevó sobre la chimenea con un borbotón de volutas que parecían palomas mensajeras. La plaza se fue llenando de nuevo, entre prisas, por ese pueblo romano que no ha faltado en ninguna fumata, por miles de religiosos, de peregrinos. Se encendieron los focos que preparan las televisiones, los pilotos rojos de las cámaras, y la conciencia del mundo que volvía a hacerse las mismas preguntas, algunas inspiradas en las viejas leyendas en las que se intenta barruntar para reducir la inseguridad del futuro. ¿Será el *De gloria olivae* que había predicho el irlandés Malaquías? ¿Será africano? ¿Habrán elegido por fin a un papa hispanoamericano? La ambigüedad de la gloria del olivo del profeta irlandés había sido interpretada en varios sentidos. Para unos se trataba de una premonición que señalaría a Carlo Maria Martini, jesuita, ex arzobispo de Milán, retirado en Tierra Santa para dedicarse al estudio de las Sagradas Escrituras. Otros intuyeron el cumplimiento de la promesa al ver el escudo del cardenal Antonelli, un sutil y discreto pastor, arzobispo de Florencia, bien visto por el grupo más liberal y sin grandes enemigos entre los conservadores. Su escudo luce un humilde olivo que parece calcado de los que se alinean en las suaves colinas de la Toscana, la región en la que ejerce su magisterio. Sobre el árbol luce un espléndido sol.

¿Será el pastor que imaginaba el cardenal suizo Schwery, en aquellas declaraciones que irritaron a algunos príncipes de la curia en los días previos del cónclave? Schwery dijo que los cardenales que dirigen la burocracia vaticana no tienen experiencia pastoral, que no se habían enfrentado a la vida de las parroquias, de los problemas de la gente, de las inquietudes del pueblo de la Iglesia, ese pueblo que según Pablo VI debía participar de alguna manera en la elección de los pontífices. ¿Habrá encontrado el cónclave a ese papa que buscaba el cardenal mexicano Javier Lozano Barragán cuando imaginaba un pontífice que tuviera un pie en el cielo y otro en la tierra? Lozano fue creado cardenal, porque los cardenales «se crean», en la última hornada, la de octubre de 2003, cuando Juan Pablo II cumplía veinticinco años de un pontificado intenso, revolucionario, misionero, pastoral. En los días posteriores a la muerte de quien decía que «lo era todo para mí», el cardenal Lozano explicaba que el próximo pontífice «tendrá que poner un pie en la tierra», y continuaba: «Lo que quiere decir que se le debe exigir que conozca la problemática del mundo actual y la necesidad de redención. Que conozca no sólo los problemas del presente sino también sus tendencias hacia el futuro. Que tenga respuestas para los problemas de la economía, de la política, de la tecnología, para los grandes desafíos del mundo [...] El nuevo papa se debe aventurar en horizontes inéditos, llenos de interrogantes y sorpresas, para los que siempre tendrá a Cristo como respuesta.»

Aquella tarde, poco antes de las siete, el nombre del cardenal Ratzinger sonó en la plaza de San Pedro. Fue, a medias, algo esperado y también una sorpresa. El teólogo alemán es un nombre conocido por los medios de comunicación y por tanto un desconocido para todos nosotros. Su imagen se superpone a su retrato e incluso lo supera. En esa contradicción residen las sorpresas que nos ofrecerá su pontificado. Las primeras ya han comenzado a despuntar. Ésta es una obra urgente, escrita entre la conmoción por la muerte de un papa imprescindible, carismático y la designación de uno nuevo que hoy es una incógnita cargada de promesas. Ratzinger es un hombre conocido por descubrir. La imagen que se tiene de su perfil personal debe mucho a la tarea ingrata de haber sido durante casi veinticinco años el prefecto de la Congregación para la Doctrina de la Fe, un ministerio vaticano lastrado por la historia del Santo Oficio. Algunos observadores vaticanos decían en el precónclave que nunca un inquisidor podría llegar a ser papa. La elección por tanto ha sido audaz, valiente, arriesgada, y también convencida a tenor de las primeras indiscreciones que han salido de la Sixtina y que nos hablan del número de votos recogidos por la candidatura del alemán. ¿Es Ratzinger un Savonarola? ¿Será su pontificado una prolongación de su papel en la Congregación? ¿Cuál ha sido de verdad su aportación al pontificado de Karol Wojtila? ¿Quién es este hombre de voz dulce, de ademanes suaves, de mirada limpia, de inteligencia clara, de discursos ordenados, limpios y brillantes, al que entendemos cuando habla mejor incluso que a su antecesor en el primado de Roma? ¿Qué podemos esperar de un papado que será más corto, bastante más, que el del polaco? ¿Qué mensaje encierra su elección? ¿Cuál será su respuesta a los grandes problemas de la Iglesia? ¿Y cuál su posición ante los grandes desafíos de la cultura? ¿Será la Iglesia un club minoritario lastrado por el peso del rigor doctrinal? ¿Será capaz de romper el peligro de convertirse en un gueto? Son muchas las preguntas y los riesgos. Ratzinger es quizá un hombre tan desconocido como cualquiera de los otros cardenales que podrían haber sido elegidos en este cónclave, que ha sido rápido como el viento que soplaba en el exterior de la Sixtina el día en que se anunció la elección. El autor de estas páginas debe mucho a algunas personas cercanas que han aportado esfuerzos, ánimo, buenos consejos, conocimiento y experiencia.

Quizá el elegido sintió «ese aleteo de mariposas en torno a mi pobre persona» que el cardenal Roncalli anota en su diario en octubre de 1958 antes de ser elegido papa con el nombre de Juan XXIII. Roncalli tenía en aquel momento la misma edad de Ratzinger cuando aceptó la misión. Entonces también se produjeron maniobras y conspiraciones, como la del Santo Oficio, que difundió la idea de que Roncalli se encontraba seriamente enfermo. Era verdad, porque ya entonces padecía el cáncer que terminaría con su vida. El día en que es elegido Roncalli escribe en su diario: «Parece un sueño, pero es, antes de morir, la realidad más solemne de toda mi pobre vida.» Aquélla fue la primera ocasión en la que se intentó la elección de un papa no italiano. El gran rival de Roncalli fue el armenio Gregorio Pietro Agaganian. Meses más tarde, durante una visita al Colegio Armenio, Roncalli dijo, en presencia del que había sido la otra opción del cónclave: «Nuestros nombres iban arriba y abajo en la elección como las judías en la cazuela.» Y la asamblea conciliar ni siquiera había sido nombrada durante los días del precónclave.

Este libro continúa con el trabajo iniciado en *El cónclave* (Planeta, 2005). Si aquél era una guía que partía de la historia para no perderse en los laberintos de la elección de los pontífices, éste pretende ser un ejercicio periodístico para dibujar los primeros trazos de la vida de un nuevo papa, sus primeros pasos en el Vaticano, la promesa que encierra la elección de su nombre, los desafíos a los que se tendrá que enfrentar. Los libros nos permiten siempre agradecer a las personas imprescindibles sus buenas ideas, las horas de generosidad que nos permiten seguir adelante. En el equipo que ha trabajado en este libro figuran amigos y personas cercanas, como María Vallejo de Blas, que aportó una documentación rica, precisa y exhaustiva, o Juan Manuel Mora, que dio algunas pistas fundamentales para construir el relato y el retrato de los días y de las personas que aparecen en estas páginas. A todos ellos, gracias.

CAPÍTULO 1

Fumata blanca

La plaza

Eran las seis menos diez minutos de la tarde cuando un humo, primero ligero, luego espeso, de un color indeterminado, comenzó a salir de la chimenea instalada en el tejado de la capilla Sixtina. Unas cinco mil personas se habían congregado en la explanada de San Pedro a la espera de noticias en forma de esa señal arcaica que sale de la hoguera interior. Eran más o menos las mismas que por la mañana habían contemplado la segunda fumata, negra negra, minutos antes de las doce del mediodía. Quizá algunas menos de las que se habían presentado el lunes por la tarde, antes de las ocho, con la vana esperanza de que la estufa respirara con la noticia del *habemus papam*. Inútil.

El primer humo, en la tarde del lunes, fue negro. En el segundo, algunos romanos se quejaron de ambigüedad en el tono de las volutas. «*Non è proprio nero*», decía delante de mí un anciano que aseguraba haber asistido a la proclamación de Juan XXIII, de Pablo VI, del papa Luciani y de Karol Wojtila. Pero las cuatro pantallas que en otros tantos puntos de la plaza ofrecían un primer plano de la boca cubierta de la chimenea no dejaban lugar a la duda: el humo era negro, pero las ráfagas de viento que soplaban a esa hora difuminaban el color. Los grandes días de este tránsito entre Juan Pablo II y Benedicto XVI han sido ventosos, como si ese Espíritu que «sopla donde quiere» se hubiera concentrado en el abrigo de esta plaza, donde ha hecho pasar las páginas de los Evangelios sobre el féretro de Wojtila, o ha difuminado las humaredas de la Sixtina.

El martes por la tarde el tiempo empeoró. Masas de nubes oscurecían el perfil de la cúpula. El cielo quería romper a llover pero un viento húmedo y tartamudo cortaba los chubascos. Un grupo de gaviotas planeaba sobre San Pedro, inmóviles como estatuas suspendidas en el aire. Los romanos habían hecho sus cálculos: si en la primera votación no había papa, la fumata sería tarde, en torno a las ocho, la hora temprana de la cena italiana, y veríamos al nuevo pontífice en el ocaso, quizá en la oscuridad de la noche, un momento mágico de recogimiento, con un papa que rompe las tinieblas con sus primeras palabras. Hubiera sido una escena similar a la de aquella tarde en la que Wojtila salió a la *loggia* de San Pedro revestido con el palio como Juan Pablo II. Y eran las seis menos diez cuando desde la plaza se extendió el rumor de que había fumata, y por tanto sólo podía ser blanca, porque si a la cuarta votación no se hubiera hecho la luz sobre el nombre del elegido, la estufa se habría quedado fría. Los focos de las televisiones comenzaron a encenderse como candelas en los tejados que rodean la basílica. A los que estaban ante las cámaras les asaltó la duda: el humo no era muy oscuro, a veces gris claro, a retazos gris cercano al negro. En algunos momentos no se podía apreciar el color porque la fuerza del viento convertía la chimenea en la boca de una locomotora de vapor lanzada a toda velocidad, y el humo se disolvía entre el viento sin darnos tiempo a ver con detalle el matiz. Cuando la furia paraba, los rizos del humo se veían blancos. Pero las campanas no sonaban, y el camarlengo había dicho que iban a repicar para despejar las dudas de otras veces. La confusión se instaló por unos minutos en San Pedro, y parecía eterna. Nadie se atrevía a dar rienda suelta a las emociones. La prudencia de las televisiones, cautas después de que alguna cadena internacional hubiera anunciado con veinticuatro horas de antelación la muerte de Juan Pablo II, se contagiaba a la plaza, en la que algunos llevaban radios y otros, más a la última, enseñaban ufanos minúsculas televisiones portátiles.

La incertidumbre duró catorce minutos. Un grupo de monjes franciscanos entretenía la espera con cantos gregorianos. Monjas de Teresa de Calcuta oraban en otra zona de la plaza, envueltas en su pobreza, quietas como si fueran de yeso santo. Había sacerdotes indios, argentinos, y peregrinos de muchos países. Algunos blandían banderas como pidiendo un papa de los suyos, un brasileño, o uno que se identificara con los colores de México, de España, de Portugal, y hasta de Estados Unidos. Al cuarto de hora de comenzar la fumata, *il campanone* que cuelga en la parte superior izquierda de la fachada comenzó a sacudirse su pereza y sonó grave, al compás de otras dos campanillas que le hacen los agudos cuando se trata de poner un tono alegre a las buenas noticias.

Eran las seis y cinco minutos cuando la plaza estalló en un aplauso cerrado, y gritos de «papa, papa, papa». Y a esa hora en la plaza ya no cabía un alfiler. A ratos, una lluvia fina amenazaba la espera. Alguien abrió un paraguas y lo cerró, porque cuatro gotas de agua son más soportables que un aluvión de gritos de quienes ven amenazada la visión en uno de esos momentos que hacen historia. Desde atrás llegaban oleadas de romanos, que cruzaban la Via della Conciliazione, esa calle abierta en tiempos de Mussolini para ofrecer una perspectiva lejana de la basílica y la cúpula. Venían a la carrera, para sumarse a la invasión. En una hora éramos veinte mil, treinta mil, quizá cuarenta mil personas. El repique de campanas había difundido por toda la ciudad el *gaudium magnum,* la gran alegría. Hay quien piensa que en la era de Internet, en el tiempo de las telecomunicaciones, el Vaticano utiliza elementos rudimentarios, medievales, arcaicos y ambiguos para anunciar que se ha elegido a un nuevo pontífice. Pero la elección sigue siendo una fiesta romana, la proclamación del obispo de la ciudad. Si los funerales por Juan Pablo II se habían convertido en una ceremonia global en la que sólo echamos de menos ante los televisores a los chinos, el final del cónclave se ha mantenido como una fiesta en la que el primer invitado es el pueblo de Roma. Y los elementos de comunicación están de acuerdo con ese espíritu burgués, al que están invitados los peregrinos y los turistas, aunque los que manden en la liturgia del anuncio sean los romanos.

Hasta la plaza habían llegado los de los barrios vecinos, del popular Trastevere; de los alrededores de la Piazza Navona; de Campo di fiori, a la sombra de la estatua del dominico Giordano Bruno, quemado en la hoguera de la Inquisición del 1600; quizá también del gueto judío, el barrio que desde Juan Pablo II ya no es una zona prohibida para los papas; del vecino y cuadriculado Prati. Los funcionarios de la curia vaticana se asomaban a las alturas de las terrazas de los Palacios Apostólicos, alineados como si fueran pájaros negros. Todos miraban fijamente a un punto de la fachada, y cada vez que las cortinas interiores se movían contenían la respiración. Pero ¿qué estaba pasando dentro? ¿Por qué tardaron tanto en sonar las campanas que decantaban la ambigüedad de la fumata? Se nos hizo eterno, pero no fue más tiempo que en ocasiones anteriores.

La fumata desde dentro

Era lo previsto. Unos días antes de que comenzara el cónclave, Joaquín Navarro Valls, director del Ufficio Stampa (Servicio de Prensa de la Ciudad del Vaticano), había advertido a los periodistas que no le llamaran durante los cuarenta y cinco minutos que duraría la espera desde el humo hasta que se abriera el balcón. «Asistiré a esa ceremonia como ustedes, es decir, como un espectador más.» El portavoz no tendría nada que decir, porque nada sabría. Hasta que el cardenal Medina se asomó al balcón y pronunció el nombre del nuevo papa, nadie recibió aviso ni exclusiva sobre el nombre del elegido. La capilla Sixtina había sido equipada con inhibidores para blindar el recinto a la indiscreción de los teléfonos móviles. El encargado de hacer sonar las campanas sólo recibió la orden de poner en marcha el mecanismo.

A las cinco y media de la tarde, después del cuarto escrutinio, el número de votos había sobrepasado los 77 necesarios para llegar a los dos tercios. Los primeros detalles de lo que ocurrió dentro indican que Ratzinger habría cruzado la marca de los 99 votos recogidos por Wojtila en el cónclave de octubre de 1978, e incluso que habría obtenido más allá de cien papeletas, una marca cercana a la unanimidad. No es el momento de contar cómo se llegó a aquel resultado. Más adelante veremos la física compleja de una votación que comenzó el lunes por la tarde con dos grandes candidatos y veinticuatro horas después se precipitó hacia uno de ellos como en una solución saturada.

Los asientos del cónclave estaban distribuidos en dos filas a cada lado del altar, paralelas a los muros laterales. El primer escaño, a la izquierda, el más cercano al *Juicio final* de Miguel Ángel, era el del cardenal Joseph Ratzinger, en su posición de decano. Era por tanto el más cercano a ese magnífico fresco en el que según Wojtila se había expresado toda una teología del cuerpo. En el segundo se sentaba el vicedecano del Colegio Cardenalicio y secretario de Estado vaticano, Angelo Sodano. En el tercero se situaba López Trujillo, y en el cuarto Giovanni Battista Re, otro de los *papabili* de la curia. Detrás de ellos estaban Etsou Nzabi, López Rodríguez y Mahony, cardenal de Los Ángeles. Enfrente, al otro lado del altar, Medina Estévez, protodiácono y encargado de anunciar a la ciudad y al mundo (*urbi et orbi*) el nombre del nuevo pontífice. Y junto al chileno, el cardenal colombiano Castrillón Hoyos, un hombre audaz, conservador, lleno de energía y capaz de disfrazarse de lechero para entrar en la residencia del narcotraficante Escobar y exigirle que se arrepintiera.

Los cardenales no esperaron a que terminara el recuento de votos. Como contaba el cardenal Julián Herranz en una entrevista con el escritor Juan Manuel de Prada, «la alegría fue inmensa. Cuando llegamos a la papeleta 77 del elegido nos pusimos en pie aplaudiendo. Era una forma de dar gracias a Dios, de alabar al Espíritu Santo, que nos había llevado ya en la cuarta votación a la cifra necesaria. Al cardenal Ratzinger lo vi en ese momento como lo he visto siempre: es un hombre de una gran paz y serenidad interior. Como carácter es distinto a Juan Pablo II, que era arrollador; él tiene otra forma de ser más suave, pero eso no quiere decir que sea frío o distante o tímido. Es un bávaro, lo que equivale a ser el andaluz alemán». Terminado el cuarto escrutinio, el cardenal Sodano, acompañado por el secretario del cónclave y el camarlengo, el español Martínez Somalo, se acercaron al lugar donde estaba sentado el cardenal Ratzinger. Sodano hacía las funciones de responsable del Colegio Cardenalicio, porque a quien tenía que preguntar si aceptaba era a su decano. Ratzinger aceptó, y la primera sorpresa de su mandato fue cuando, interrogado sobre qué nombre adoptaría, les dijo a los cardenales que quería llamarse Benedicto XVI, por san Benito, patrón de Europa y fundador de la Orden Benedictina, que llevó la cultura clásica y la religión católica a los países del centro del continente. Pero también por Benedicto XV, elegido papa en el cónclave de 1914, hombre de paz que desde su altura minúscula (le apodaron *il Piccolo*) se enfrentó a las potencias de la Tierra en su exigencia urgente de paz. Ratzinger indicaba en ese gesto que quería ser el papa de la paz en un mundo amenazado por formas nuevas de guerra y por terrorismos atroces, y el papa de la reevangelización de Europa, un continente donde la «dictadura del relativismo» había arrasado los valores de una cultura basada en el cristianismo.

El cardenal Schönborn, uno de los candidatos en las quinielas previas al cierre del portón de la Sixtina, dice que en la votación hubo una gran unanimidad. «Ratzinger aceptó con un sí muy claro, fuerte y decidido. En ese momento se sentía en la capilla todo el peso que estaba a punto de caer sobre sus hombros. Fue un sí sin reservas, creo que estaba feliz de darlo, de aceptar llevar este peso hasta la muerte. La elección del nombre nos sorprendió a todos. La verdad es que no nos lo esperábamos. Después de aceptar nos recordó que Benedicto XV había sido el papa de la paz en los tiempos dolorosos de la primera guerra mundial.»

Schönborn tenía también algo que decir sobre un cardenal con el que había mantenido una amistad muy próxima y una gran coincidencia en asuntos doctrinales: «Lo conozco desde hace treinta años. Tiene una gran personalidad, llena de sabiduría, sencillez, humildad y un gran corazón. Y en el terreno de su trabajo diario puedo decir que tiene un gran respeto por la libertad de los otros, y al mismo tiempo una gran firmeza en su fe, y una visión lúcida de los problemas y de los desafíos del futuro.» Lo decía un cardenal que tan sólo unos días antes había entrado en el cónclave como quizá la segunda opción en el caso de que la candidatura de Ratzinger hubiera despertado la oposición de los indecisos y de los partidarios de la reforma. Quienes intuían que Ratzinger podría encontrar una oposición fuerte en algunos sectores del cónclave pensaban que Schönborn, hijo de una familia aristocrática que ha dado muchos de sus vástagos a la Iglesia, podía convertirse en un candidato de consenso, capaz de romper las resistencias de su mentor y ganarse el voto del centro y de los indecisos. Pero su cónclave no era éste. Terminado el recuento de los votos, todos, puestos en pie, volvieron a aplaudir. «Estábamos en pie —cuenta el cardenal inglés Murphy O'Connor—, pero él seguía sentado, con la cabeza baja. Estaba rezando.» Otro cardenal, el arzobispo de Venecia, Tarsicio Bertone, nos da más detalles sobre ese momento: «Cuando el cardenal Ratzinger aceptó, sus primeras palabras como papa fueron las de un hombre humilde. "Soy indigno de lo que me pedís", dijo, "pero con la ayuda del Señor, acepto. Y a vosotros os pido que me apoyéis."»

Minutos después, Ratzinger se dirigió a la Camera Lacrimorum, la habitación de las lágrimas, llamada así porque en esa estancia, de paredes forradas con seda escarlata, los elegidos dan rienda suelta a sus emociones. El anterior Benedicto, Giacomo de la Chiesa, fue elegido a los cuatro días y después de diez votaciones. Su elección fue dramática. No consiguió ni uno más de los votos necesarios para alcanzar los dos tercios, frente a un duro y rocoso candidato del ala más conservadora, el cardenal de origen español Merry del Val. Benedicto XV se puso las vestimentas de la talla más pequeña de las tres que se guardan en tres cofres para el nuevo pontífice. A pesar de todo, aquellas ropas le estaban grandes. En esta ocasión, el elegido contó con muchos votos del Colegio, muchos más de los imprescindibles. Ratzinger se vistió con la talla más grande, la misma que había utilizado Juan Pablo II. A pesar de todo, no era su medida. El sábado 23 de abril, cuando recibió en audiencia en la sala Pablo VI a los periodistas que siguen la información del Vaticano, pudimos comprobar que el hábito blanco le estaba corto. Quizá no había tenido tiempo todavía de llamar a los sastres Gammarelli para encargar una sotana más a medida.

Mientras se ponía los ropajes del pontífice, las papeletas comenzaban a arder en la estufa. Pero no sólo las hojas del escrutinio, esos papeles encabezados por la leyenda «*Eligo in summum pontificem*», sino también todos los apuntes de los cardenales, reclamados por el camarlengo, encargado de destruir toda prueba, toda huella, y de entregar al nuevo papa todos los elementos de información que puedan aportar detalles sobre lo que pasó en el interior. El pontífice será el custodio de los detalles internos del cónclave y el dueño del secreto y del tiempo en que, según su criterio, esos detalles podrán ser comunicados a la opinión pública. La estufa esta vez no funcionó muy bien, y cuando Ratzinger-Benedicto XVI salió de la sala de las lágrimas tuvo más razones para llorar porque la capilla estaba nublada por el humo de la fumata.

«Gaudium magnum»

La puerta de cristalera del balcón no se abrió hasta las 18.48 de la tarde. En ese momento, el protodiácono, el cardenal chileno Medina Estévez, se asomó y con un ritmo parsimonioso comenzó el rito del anuncio. Saludó primero en italiano, después en español, luego en francés, en alemán y, por último, en inglés. «*Carissimi fratelle e sorelle*, queridos hermanos y hermanas, *cheres freres et soeurs... Habemus papam. Eminentisumus ac reverendisimus dominum Josephus...*» (¡Es Ratzinger, es Ratzinger!, gritaban en la plaza mientras ascendía el fragor de los aplausos.) Medina se tomaba su tiempo. Un romano de cierta edad, de nombre Enzo, aseguraba delante de mí que había asistido a cuatro anuncios: el del papa Juan XXIII, el de Pablo VI, el de Juan Pablo I y también al de Juan Pablo II, y ahora al de un nuevo pontífice todavía no identificado por Medina. Enzo proclamaba a viva voz que jamás había visto un anuncio tan lento, tan moroso. «¡Venga, dilo de una vez, danos el nombre!», repetía desesperado. «*Cardinalem Ratzinger!*» Desde la plaza se volvió a elevar la ovación como una bandada de palomas. Algunos clérigos gritaban entusiasmados, otros recibieron el nombre con afecto pero sin disimular un punto de desconcierto. Lo que fue una sorpresa para todos fue el Benedicto XVI, sobre todo para los grupos que llevaban varios días paseando por San Pedro una pancarta en la que pedían continuidad absoluta y un nombre para el nuevo papa: Juan Pablo III.

Cumplida su misión, el cardenal chileno dio media vuelta y entró en el palacio. Las grandes cortinas de terciopelo color burdeos se cerraron. Con un efecto teatral, en ese gran escenario que ha sido para la Historia con mayúsculas la plaza de San Pedro, el telón se volvió a abrir segundos después para dejar paso a Benedicto XVI, revestido con la estola pontificia, esa tradición heredada de los tiempos de los emperadores romanos. Sus primeras palabras fueron breves, mucho más parcas que aquel primer diálogo de Karol Wojtila con la multitud, con la que no dejaría de hablar desde 1978 hasta el día de su muerte. Ratzinger estaba nervioso, también alegre, y quizá turbado por la enorme carga que acababa de posarse sobre sus ancianos hombros. Éstas fueron sus primeras palabras como pontífice:

> Queridos hermanos y hermanas, después del gran papa Juan Pablo II, los señores cardenales me han elegido a mí, un simple y humilde trabajador de la viña del Señor. Me consuela el hecho de que el Señor sabe trabajar y actuar incluso con instrumentos insuficientes, y sobre todo confío en vuestras oraciones. En la alegría del Señor resucitado, con la confianza de su ayuda permanente, sigamos adelante. El Señor nos ayudará y María, su Santísima Madre, seguirá a nuestro lado. Gracias.

Terminado su breve discurso, impartió su primera bendición *urbi et orbi*. La elección y la ceremonia había terminado. Su presencia en la *loggia* de San Pedro produjo entusiasmo en muchas zonas de la plaza, y algún desconcierto en otras. Algunos periodistas presentes en la explanada a la hora del anuncio han hablado de frialdad. Yo no la sentí. Percibí mucho afecto, pero también un punto de distancia, como si se hubiera alimentado la espera de un nombre nuevo, desconocido, venido de continentes lejanos. Es probable que los italianos, los romanos, los fieles del obispo de Roma aguardaran el regreso de los suyos al vértice de la Iglesia católica. Acogieron al papa polaco como alguien de los suyos, le nombraron hijo predilecto de la ciudad, le quisieron por cruzar el Tíber para abrazar a esos judíos a los que otros papas habían encerrado en un gueto y a los que habían obligado al toque de queda y a la estrella amarilla en sus trajes. Pero en los últimos días, los periódicos habían hecho crecer la ilusión de que si no había acuerdo en el duelo entre Ratzinger y Martini, uno de los italianos sacaría la cabeza para devolver la tradición de los papas nacionales, con un apellido como Tettamanzi, cardenal de Milán, Angelo Scola, cardenal de Venecia, Ennio Antonelli, cardenal de Florencia, Giovanni Battista Re, cardenal de la curia romana, o Tarsicio Bertone, cardenal de Génova. Con Ratzinger, el elemento sorpresa era menor: su figura era muy conocida, había vivido en Roma durante los últimos veinticuatro años, y en Italia el teólogo alemán tiene buena fama y una imagen de hombre riguroso, eficaz, tierno e ingenuo como un niño, pero a la vez de una adulta y aguda inteligencia. Quizá ese elemento «nacional» y la ausencia del factor sorpresa pueden explicar un tono moderado en la respuesta popular. Pero no hay que olvidar que la Iglesia acepta con entusiasmo las decisiones del cónclave. La primera explosión de alegría que escuchamos aquella tarde frente a la gran basílica, sobre la tumba del apóstol Pedro, fue cuando Medina pronunció el «*Habemus papam*», mucho antes por tanto de que se conociera el nombre del elegido.

Como una cascada, o más bien como un mar contenido por una presa que de forma súbita se hubiese venido abajo, las reacciones comenzaron a inundar los medios de comunicación. Las más duras, las del Reino Unido, las de alguna prensa sensacionalista germana y algunos medios de la progresía española. Pero la izquierda italiana mantiene otra postura. Piero Fassino, secretario de DS, antiguo Partido Comunista Italiano, dice que Ratzinger es un «gran intelectual europeo. Estoy convencido de que no será un papa integrista. Su fuerza es un desafío a los laicos. Su pensamiento toca un punto común a todos: el mundo no puede vivir sin una escala de valores. Ratzinger se ha manifestado contra la guerra, pero también se pregunta cómo, más allá de la paz, podemos garantizar los derechos y la democracia. Ahí está su denuncia del relativismo cultural, contra quien invoca la diferencia religiosa de los musulmanes para justificar la negación de derechos que son inalienables para cualquier persona y para toda nación».

El pueblo de la Iglesia quería también dejar su punto de vista en esa noche en la que la televisión italiana abría sus grandes programas, como «Porta a porta», a debates y análisis en los que los vaticanistas aseguraban con un punto de decepción que si el cónclave hubiese durado unas horas más habríamos tenido de nuevo un papa italiano. Quienes conocían bien a Ratzinger, el ex primer ministro italiano Giulio Andreotti, el político Rocco Buttiglione, el fundador de la Comunità di Sant'Egidio, Andrea Riccardi, saludan la llegada a la silla de Pedro de una nueva fuerza con un vigor intelectual brillante y rocoso, de un hombre capaz de debatir en público con las fuerzas más influyentes de la cultura europea. Todos coinciden en que Ratzinger es un hombre humilde, austero, de una identidad firme, abierto a los grandes problemas de la modernidad. También están de acuerdo en que si los cardenales eligieron a Wojtila para romper las fronteras del Este, para evangelizar a los trescientos millones de ciudadanos europeos que vivían bajo la bota comunista, Ratzinger ha sido elegido para enfrentarse a la crisis de identidad de Occidente, para llevar a cabo la difícil misión de difundir el Evangelio en una civilización que ha renunciado a su identidad.

Con discreción, los nuevos movimientos en el seno de la Iglesia saludan la elección de un hombre que habla de su fe sin complejos. Lo celebran los Legionarios de Cristo, Comunión y Liberación, el movimiento Neocatecumenal, o el Opus Dei fundado por san Josemaría Escrivá de Balaguer. La reacción más fría la escuchamos esa noche en CNN Internacional. Es la del vaticanista Thomas Reese, miembro de la Compañía de Jesús, autor de *Inside the Vatican*, que horas después de la elección, desde un plató instalado en la colina de la Universidad Urbaniana, con los ventanales de San Pedro iluminados al fondo, dijo: «Estoy decepcionado porque no me esperaba ni este tipo de papa ni un hombre con esta edad.» Los cardenales alemanes, opuestos en principio a su elección, cierran filas después del cónclave. Walter Kasper, otrora polémico con Ratzinger, dice que una vez elegido papa, «la relación es diferente. Será el papa de la reconciliación y de la paz. Éste es un buen signo para el diálogo ecuménico. Queríamos una persona firme en la fe, con un profundo espesor intelectual y con capacidad de ir a explicar nuestra fe en cualquier punto del mundo. Ratzinger tiene una personalidad fascinante». Declaraciones como las de Kasper ayudan a entender con claridad meridiana los criterios de la realidad vaticana, a la que se suelen aplicar muchas veces esquemas simplistas de la vida política civil, categorías que no sirven para entender la elección de un pontífice. Otra de las figuras más notables de la Iglesia alemana, el cardenal Lehman, le saluda con estas palabras que sitúan al próximo papa en un contexto histórico de superación de la tragedia: «Un papa alemán, sesenta años después del fin de la guerra mundial, es un cambio profundo para nuestro país.» Atrás quedan las disputas teológicas, las discrepancias entre Ratzinger y Kasper porque el primero considera que la religión católica es el único camino de salvación, o las diferencias con Lehman cuando el prefecto de la Congregación para la Doctrina de la Fe se opuso a la comunión de los divorciados que se habían vuelto a casar.

La elección siembra, eso sí, el desconcierto entre los sectores más críticos de la Iglesia, entre los partidarios de una teología contaminada de marxismo o entre los que proponen reformas como el sacerdocio de las mujeres o el fin del celibato para los curas. La alarma toca de lleno al movimiento Somos Iglesia, muy activo sobre todo en las diócesis austriacas. Desde Brasil, el antiguo obispo de Araguaia, Pedro Casaldáliga, cree que Ratzinger insiste demasiado en dibujar un paisaje de tinieblas de la humanidad: «El pesimismo no es digno de un buen cristiano.» En Alemania, Hans Küng prefiere darle la oportunidad del gobierno y esperar a ver cuáles son sus primeros pasos como pontífice antes de emitir un juicio sobre una persona a la que conoce muy bien. Las comunidades protestantes de Francia y de Alemania expresan su inquietud ante el rumbo del diálogo interreligioso. En

France 2, el nuevo arzobispo de París, monseñor André Vingt-Trois, concluye así un debate de alta temperatura sobre la orientación ideológica que tendrá el papado de Benedicto XVI: «Yo prefiero un conservador inteligente antes que un progresista idiota.»

La última cena

Mientras las televisiones buscaban las reacciones y subrayaban la disidencia, en Ciudad del Vaticano los cardenales se preparaban para la cena. No estarían todos. El cardenal Godfried Danneels volvía a Bélgica con prisas. No sabemos cuál era el asunto urgente que le reclamaba en su diócesis. En las horas siguientes tendrá tiempo de hablar con los periodistas del diario *Morgen* para decirles que Ratzinger «es el papa que debemos tener. El tiempo dirá si es o no el más adecuado». Danneels era uno de los candidatos del ala reformista liderada por Carlo Maria Martini. Sus primeras impresiones tienen matices en los que se intuye que no era su candidato: «El papado es una función diferente a la del cardenal. Ahora Benedicto XVI es el pastor universal y no sólo el encargado de la doctrina. Deberá adoptar una forma de ejercer el primado, sin imitar a su predecesor, que era inimitable.» Su candidatura había figurado en casi todas las quinielas: «Nunca he deseado ser elegido, y por tanto estoy muy tranquilo. Pero hay un comerciante que estará más aliviado que yo», dice en referencia a un vendedor de electrodomésticos de Tielt que, con sentido de las ventas, había prometido devolver el importe de todas las compras hechas en días pasados si el elegido era el belga.

Ya por la noche, los cardenales vuelven a la residencia de Santa Marta para la cena. Las veinte monjas encargadas del servicio no han tenido tiempo de preparar un menú especial y la cena se compone de lo previsto para ese día: una sopa de alubias, fiambres, ensalada y fruta. Después celebrarán la elección con helado y champán. Y el arzobispo de Westminster, Murphy O'Connor, inicia una canción que todos siguen para felicitar al nuevo papa. Luego emprenderán el camino de una oración litúrgica: «*Oremos pro beatisimo Papa nostro.*» Los cardenales se retiraron temprano. Ratzinger dormirá todavía esa noche en la Casa de Santa Marta, hasta que no se rompan los sellos que precintan las salas del apartamento del papa en los Palacios Apostólicos. Al día siguiente, Benedicto XVI se levanta poco antes de las seis de la mañana para las oraciones. A la hora del desayuno se encuentra por el camino con el cardenal Giacomo Biffi. «¿Qué tal ha dormido?», le pregunta Biffi. Benedicto no contesta. «Porque yo hoy he dormido muy bien. Apenas suelo dormir cuatro horas, pero hoy, que ya por fin me he quedado tranquilo, he dormido cinco.»

Antes de la misa en la capilla Sixtina, el pontífice pasó a saludar a los treinta empleados de la congregación en la que había pasado los veinticuatro años que llevaba en Roma, desde que un día Juan Pablo II le llamó al Vaticano para encargarle la difícil tarea de gobernar la doctrina de la fe. Muchas veces, dicen que hasta tres, le pidió que le dejara volver a su Baviera natal. Pero Wojtila, terco, siempre le negó la retirada, incluso cuando el cardenal le exponía sus problemas de salud y el pequeño ictus cerebral que sufrió hace unos años. La despedida de sus colaboradores fue un encuentro cordial, para algunos conmovedor. Le aprecian. «Nunca he visto levantar la voz a ninguno de los que hemos trabajado con él —nos dice el español Ángel Rodríguez Luño, consultor de la Congregación—, nunca ha pronunciado un adjetivo sobre los asuntos que teníamos entre manos y siempre nos ha valorado más de lo que en realidad valemos.» Ratzinger todavía volvería una vez más a la Casa de Santa Marta para almorzar ese miércoles, acompañado por colaboradores de la curia, con los que comienza a preparar los días siguientes: el encuentro con los cardenales el viernes, la cita con los periodistas el sábado y la misa que inaugura el pontificado el sábado de esa semana.

Poco a poco, en los primeros gestos, en los primeros discursos comienza a dibujarse el perfil de un hombre muy diferente de la imagen que se tiene de él. Los medios han transmitido el retrato de una persona inflexible, dura, rigurosa, un guardián de la ortodoxia, un muro contra la razón. *Il Manifesto*, diario de la extrema izquierda italiana, lo llama a toda página «*Il pastore tedesco*» («El pastor alemán»), sin percatarse de que se trata de un titular imposible porque Ratzinger es el hombre que ama a los gatos con una ternura franciscana. ¿Quién es realmente el cardenal que ha sido elegido por el cónclave? ¿Cuáles son sus planes para el pontificado? ¿Qué piensa de los grandes problemas de la Iglesia y de los grandes desafíos de la humanidad, que a veces son los mismos? ¿Será un integrista o emprenderá reformas? ¿Será capaz de entusiasmar como lo hizo Wojtila, o será un intelectual sin carisma, incapaz de comunicar con las grandes multitudes? Éstas eran las preguntas que se hacían aquella noche, que nos hacíamos en aquellas horas en las que nos resultaba tan difícil cambiar su nombre de sonoridad germana por la suave dicción de un Benedicto cuyo nombre volvía a cumplir una tradición: en los papas, el hombre es el nombre, y el nombre es el programa. La fumata blanca quedaba lejos. Los focos de las televisiones seguían encendidos a medianoche, para transmisiones de última hora, esas que se resisten a dejar el lugar de la noticia a pesar de que la plaza está vacía, pero se ven al fondo las luces encendidas de las grandes salas de la primera planta de la basílica, como en un desorden de madrugada festiva, esas luces que a uno le cuesta apagar para evitar que se vayan esos días que inauguran tiempos nuevos, esas jornadas que uno quiere estirar para no olvidar jamás. Aquella noche, la luz de una de las habitaciones de la Casa de Santa Marta se apagó bien entrada la madrugada. Joseph Ratzinger —Benedicto XVI— se acostó tarde, después de preparar las grandes líneas de su homilía del día siguiente en la capilla Sixtina, ese discurso que leería en latín y en el que están contenidas las dos grandes ambiciones de su pontificado: la unión de los cristianos y la relación de la Iglesia con los jóvenes. Esa noche, Ratzinger durmió bastante menos que el cardenal Biffi. Y es que Benedicto XVI tiene una costumbre que le dará mucho trabajo: no le gusta leer nada que no haya escrito él mismo.

CAPÍTULO 2

La sede vacante

El sueño fue una circunstancia escasa en la Ciudad del Vaticano desde finales de enero, desde que el Santo Padre entró en una situación de crisis continuas y riesgos crecientes. Por aquellas fechas estábamos ya hechos a los sustos y a los sobresaltos de una agonía larga y dolorosa. Como diría el cardenal Herranz tiempo después, «el carisma de Juan Pablo II era el de Cristo», y no sólo por la capacidad que tenía de «meterse en el interior de Dios» sino porque su vida desde el atentado fue un calvario soportado con dignidad y tesón hasta el último minuto, hasta el último gesto, hasta el último suspiro.

Cuando llegué a Roma en el año 1993 como corresponsal de RNE, algunos vaticanistas anticipaban el final del pontificado, y el ocaso de un papado solar que no habría visto la tierra prometida de su mensaje profético. Como Moisés, Wojtila había recibido el encargo de conducir al pueblo de Dios hasta regiones de redención y quizá la promesa de que él no vería nunca los prados de la promisión. Algunas de sus grandes esperanzas se quedarían para los próximos pontífices. En aquellos años de mediados de los noventa, Juan Pablo II pedía fuerzas a Dios para que le dejara atravesar el umbral del milenio. ¿No había sido el cardenal primado de Polonia, Stefan Wyszynski, el que le había anunciado al jurarle lealtad que estaba destinado a llevar a la Iglesia hasta el milenio siguiente?

En aquellos años en los que los países del Este descubrían la libertad de juguete de los casinos y los hipermercados, el papa comenzaba a sufrir cada paso que daba por un fémur operado que no terminaba de funcionar. Las secuelas del atentado, de una operación para extirparle un tumor en el colon, del combate contra el citomegalovirus, las caídas en su apartamento o en la sala de audiencias al tropezarse con el faldón de la sotana, el desgaste de las anestesias generales y los primeros temblores del Parkinson formaban un historial médico capaz de tumbar a un atleta. La Iglesia parecía abocada a un relevo, y los vaticanistas pulían las primeras quinielas, con una arquitectura de biografías maquetadas ya para una respuesta de urgencia ante cualquier emergencia. Muchos de los que aparecían bien situados en aquellas listas de papables serían derribados por el tiempo y las enfermedades. Mientras, Wojtila seguía haciendo largos viajes, agotadores, a los cinco continentes, en los que se reunía con los jóvenes en sesiones de las que salía revitalizado después de hacer saltar por los aires los protocolos y los horarios previstos. La psicosis llegó hasta tal punto en aquellos años que una noche de septiembre de 1994, de madrugada, se extendió entre los funcionarios de guardia en la curia romana el bulo de la muerte del pontífice. A las seis de la mañana se celebró una misa en San Pedro por el alma de Wojtila. Poco después de quitarse la casulla, el oficiante se enteraría de que el alma del papa seguía instalada en su cuerpo.

Sería el primer funeral por el Santo Padre. El segundo, el de cuerpo presente, tendría que esperar diez años más, hasta abril del año 2005. La siempre precaria salud del papa Juan Pablo II había empeorado de forma drástica dos meses atrás. Desde hacía tiempo no dormía solo. El Parkinson le provocaba una parálisis de los músculos de la boca y la garganta. La situación era tan delicada que los médicos temían que se ahogara. Renato Buzzonetti, jefe del equipo médico que atendía al pontífice, recomendó en 2004 que durmiera incorporado sobre almohadones y con un cuidado permanente para evitar cualquier susto de madrugada. El encargado de esa estrecha vigilancia sería el secretario personal del papa, monseñor Stanislaw Dziwisz. El mismo que le había acompañado desde los tiempos del arzobispado de Cracovia como un hermano, tierno y solícito, no le dejaría solo ni un solo minuto hasta la hora de su muerte.

El 1 de febrero, Juan Pablo II era ingresado de urgencia en el policlínico Gemelli de Roma, aquejado de una laringotraqueítis aguda. La vida del papa parece ligada de forma extraña a ese gran hospital de la capital italiana, donde Wojtila decía que pasaba «más tiempo que en el Vaticano». «Éste es el otro Vaticano», comentaba irónico. Parecía predestinado. Las últimas horas antes del cónclave que le eligió en octubre de 1978 las pasó en el Gemelli, para visitar a su amigo, el hoy cardenal Deskur, que había sufrido un ataque cerebral. Y lo primero que hizo al salir de la elección fue volver a la habitación donde yacía postrado el hombre que más había hecho por él y por su elección como sucesor de Albino Luciani, muerto a los treinta y tres días de convertirse en Juan Pablo I.

A partir de la crisis del primero de febrero, los acontecimientos se precipitan y asistiremos, con la respiración contenida, con el corazón encogido, a través de una sucesión de presencias transmitidas en directo por la televisión, a la agonía de un hombre que insistía en cumplir su misión más allá de sus escasas fuerzas. El 10 de febrero, en contra del criterio del cuerpo médico, es dado de alta y regresa a casa para Semana Santa. Dicen que fue poco tiempo, que debería haber pasado más días en el hospital, y que quizá los ayudantes del papa se dejaron llevar por el deseo de ofrecer una imagen de normalidad. También es posible que Wojtila exigiera una vuelta a casa. Los médicos siempre tuvieron grandes dificultades para limitar su agenda de trabajo. Él insistía en madrugar a las cinco de la mañana, cargar su agenda de trabajo y no faltar nunca a las citas en las que se encontraba con los peregrinos: el ángelus de los domingos o las audiencias de los miércoles.

El domingo 13 de febrero reapareció en público para el rezo del mediodía. Los fieles, en la plaza, le aclamaron, felices de verle de nuevo en su ventana. La aparente mejoría hizo que reanudara su agenda. Los medios estaban más atentos que nunca a cualquier detalle, y se movían inquietos cuando el día 23 de ese mes el papa tuvo que utilizar una videoconferencia para dirigirse a los peregrinos de la audiencia de los miércoles. Al día siguiente, el 24 de febrero, volverá al hospital aquejado de graves problemas respiratorios, que llevan al equipo médico a practicarle una traqueotomía. La parálisis muscular progresiva causada por el Parkinson llevó a los servicios de prensa de la Santa Sede a admitir que el papa debería renunciar a hablar durante unos días. La noticia provocó una inmediata pregunta: ¿Y si no volvía a recuperar el habla? Se despertaron de nuevo las viejas hipótesis de la renuncia. Si el papa no habla, ¿cómo se puede comunicar con la Iglesia? El cardenal Angelo Sodano, secretario de Estado vaticano, preguntado por la posibilidad de un papa enmudecido y la conveniencia de un abandono, dejó en el aire una respuesta ambigua, calculada: «Eso depende de él, de su conciencia.» ¿Le estaba invitando a renunciar? Algunos vieron en esta declaración la queja de un «primer ministro» vaticano que hacía tiempo no podía despachar con el papa, protegido el pontífice por un cordón sanitario en el que la llave la tenía su secretario personal.

Algunos detalles revelados por los médicos nos ayudan a reconstruir los días de Wojtila en el Gemelli, y a saber algo más sobre sus condiciones. Uno de los médicos que atendió a Juan Pablo II cuenta que el papa pudo hablar y comer alimentos sólidos dos semanas después de que le fuese practicada la traqueotomía. Rodolfo Proietti explica que cuando el pontífice ingresó por segunda vez en el policlínico Gemelli el 24 de febrero de 2005, ése fue el momento de las decisiones difíciles. Proietti lo narra así en declaraciones al diario italiano *Avvenire*: «La traqueotomía era indispensable porque había que proteger las vías respiratorias. Se lo comuniqué al Santo Padre y le pedí su consentimiento. Me lo dio y tras ponerse en manos de la Providencia me preguntó: "¿Volveré a hablar?" Le dije que haríamos todo lo posible y durante muchos días sentí el peso de la responsabilidad de esa promesa.» El médico añade que el 11 de marzo se produjo un momento de alegría. Ese día, un enfermero le avisó para que acudiese junto al director sanitario a la habitación del papa. Cuando entraron le vieron comer, con apetito, un *cannolo*, un dulce con base de requesón, chocolate y fruta escarchada típico de Sicilia. Con una gran sonrisa les dijo: «¡Buenos, están muy buenos, gracias, gracias!» Fue un instante de felicidad en la sala. «En ese momento —dice Proietti— nos dimos cuenta de que habíamos logrado los objetivos terapéuticos. El Santo Padre deglutía normalmente y hablaba. Aunque fueron pocas palabras —dice el médico—, eran claras, se entendían con un buen todo de voz.» El médico recuerda también los momentos de dolor del pontífice: «El 1 de abril comenzó la última crisis. Cuando lo vi me arrodillé y permanecí en silencio.»

Otra pregunta frecuente era hasta qué punto el papa era consciente y percibía la realidad con nitidez. En la prensa se podían leer por aquellos días comentarios sobre el gobierno de la Santa Sede, artículos armados con las especulaciones más variopintas sobre algunas camarillas de funcionarios cercanos al pontífice que controlarían la administración, las decisiones y los nombramientos que llevaban la firma del Santo Padre. La consulta a los expertos en Parkinson ofrece muchos matices. Coinciden en señalar que hay enfermos de este mal atroz que mantienen la lucidez hasta el último momento de su vida. Algunos investigadores precisan con detalle que cuando los primeros síntomas del Parkinson son los temblores, ese tipo de pacientes suele experimentar un desarrollo de la enfermedad en el que no pierden la conciencia ni sufren alucinaciones. Esa segunda estancia en el hospital se prolongó hasta el 13 de marzo. Durante su convalecencia sufrió varias recaídas que se alternaban con sus apariciones para saludar a los fieles, momentos angustiosos en el que aquel que había sido llamado el «atleta de Dios» se mostraba impotente, incapaz de articular unas palabras inteligibles para los fieles. La sociedad se preguntaba por la conveniencia de exhibir hasta el final a un hombre que apuraba sus últimas fuerzas. En un mundo hedonista, donde la juventud se exhibe como única forma de plenitud vital, en el que la enfermedad se esconde o se aparta, la presencia de un anciano papa que a duras penas conseguía esbozar su voz a través de una garganta rígida por la enfermedad molestaba. Fueron muchos, sin embargo, los que comprendieron que esta presencia era una forma de expresar la dignidad de la vida en cualquier circunstancia, toda una teología del cuerpo y un mensaje para una sociedad que en aquellos días discutía sobre la pretensión de un tal Schiavo que en Estados Unidos pedía que retiraran la alimentación a su mujer, en coma desde hacía décadas.

El Gemelli se convirtió en seguida en una delegación de la curia romana, como en los tiempos de la larga convalecencia por el atentado de Ali Agca, allá por el año 1981. El papa, nos decía la sala de prensa vaticana dirigida por Joaquín Navarro Valls, recibía a sus colaboradores más cercanos y seguía trabajando en algunos documentos importantes. El 11 de marzo, la Santa Sede difunde una grabación en la que se escucha por primera vez al

Santo Padre después de la traqueotomía. Dos días después, justo antes de abandonar el hospital, el papa pronunció con voz ronca pero clara unas palabras a los fieles congregados. Era la primera vez que se le escuchaba en vivo después de dieciocho días. Su regreso al Vaticano no tranquilizó al mundo católico. Nunca en sus veintiséis años de pontificado había faltado a los actos de la Semana Santa. El papa no celebró la misa del Domingo de Ramos y su presencia en el balcón de sus habitaciones vaticanas causó una honda conmoción: un papa sufriente y dolorido, fue incapaz de pronunciar una palabra. La imagen de su dolor dio la vuelta al mundo. Los actos centrales de la semana se repartieron entre los cardenales presentes en Roma. A Ratzinger, como si fuera una señal, el papa le encarga las reflexiones de una de las ceremonias que Juan Pablo II vivía con más intensidad espiritual: el *via crucis*. Era la misma ceremonia, el mismo camino entre las ruinas del Coliseo que el papa había hecho tantas veces, llevando la cruz, a veces en condiciones de salud muy precaria. La noche del viernes 18 de marzo veremos la espalda de Wojtila que contempla el camino de la cruz en el Coliseo romano. En la oscuridad de la noche las palabras del cardenal se iluminan como las piedras de la Roma imperial bajo los reflectores. «No podemos continuar banalizando el mal frente a la imagen del Señor que sufre. Él nos dice: No lloréis por mí, llorad por vosotros mismos.» En la novena estación, las palabras son como clavos que escuecen en algunos sectores de la Iglesia, que todavía hoy piensan que el cardenal exageró. Estamos ante la tercera caída con la cruz: «Qué poca fe hay en tantas teorías, cuántas palabras vacías.

¡Cuánta suciedad hay en la Iglesia, y sobre todo entre aquellos que en el sacerdocio deberían pertenecer completamente a él! ¡Cuánta soberbia, cuánta autosuficiencia! ¡Qué poco respetamos los sacramentos de la reconciliación!» Algunos sacerdotes dirán en voz baja que quizá no era el momento ni el tono. Fiel a su forma de ser, el hombre que no ha eludido en su carrera ningún problema serio se comporta como el más antipolítico de los cardenales, alguien a quien siempre le han sobrado los aplausos, que no busca el voto.

El 20 de marzo volvimos a ver al papa en televisión. Era el Domingo de Pascua. A la hora de la bendición *urbi et orbi*, el mundo pudo comprobar el estado del papa: mudo, sin poder articular una palabra, sufriendo por una garganta impotente mientras su férrea voluntad se agitaba dentro y provocaba ese gesto de rabia impotente cuando golpeó el atril con la mano abierta. A esa hora, el padre Arregui, jesuita, periodista de Radio Vaticana, comentaba la misa para Televisión Española: «Respeté ese largo silencio porque era un documento histórico, porque era una muestra de impotencia que ninguno de los grandes de este mundo se ha atrevido a mostrar ante las cámaras.» Pocos días después, el 30 de marzo, Karol Wojtila aparece por última vez en público. Su deterioro físico es evidente. En las últimas semanas ha perdido veinte kilos. Ese mismo día, los médicos le implantan una sonda naso-gástrica para alimentarle. Al día siguiente, 31 de marzo, le sube la fiebre, temperatura alta provocada por una infección en las vías urinarias, un síntoma de que en su cuerpo se desencadena un fallo general simultáneo. Su secretario le administra esa noche el sacramento de la extremaunción o, como se lo denomina tras el Concilio Vaticano II, la unción de los enfermos. El papa estaba atendido en su apartamento por su médico personal, Renato Buzonetti, por dos especialistas en reanimación, un cardiólogo, un especialista otorrinolaringólogo y dos enfermeros. Juan Pablo II yace en su lecho, vestido de blanco, en una cama con baldaquino blanco, y sobre unos grandes almohadones que le mantienen ligeramente incorporado.

Las lágrimas de Navarro Valls

En la mañana siguiente tendríamos el indicio más claro de que la situación se precipitaba hacia el final. El portavoz vaticano logró mantener la compostura durante una comparecencia en la que reveló que el papa sufría una septicemia con colapso cardiocirculatorio, diagnóstico que había sido omitido en la declaración del jueves por la noche. Cuando terminó su informe, una periodista preguntó a Navarro por sus sentimientos. Tras la sorpresa inicial, intentó responder: «Lo que yo sienta no tiene interés», dijo, pero el corazón le traicionó y añadió conmovido: «Desde luego es una imagen que no había visto en estos veintiséis años. El papa está lúcido, extraordinariamente sereno, con la lógica dificultad para respirar.» El portavoz estaba a punto de romper a llorar y se alejó. Navarro Valls, de natural frío, contenido y elegante, expresaba por primera vez sus emociones incontenibles. Días más tarde se explicaría ante Juan Manuel de Prada, en una entrevista para el diario *ABC*: «Aquella pregunta me hundió. Estaba tratando de exponer unos hechos y de repente apelaron a mis sentimientos más íntimos. Literalmente me hundí, me caí por tierra. Hasta ese momento había hablado de la agonía del papa en términos estrictamente médicos; de repente, aquella pregunta me enfrentaba al dolor de perder al hombre que me había acompañado durante más de veinte años.» Es lo que contaba Navarro, el periodista que había conocido a Juan Pablo II en el Gemelli, cuando Wojtila, recién elegido, hizo lo mismo que había hecho antes de entrar en el cónclave: visitar a su amigo el cardenal Deskur, paralizado en una cama del centro sanitario por un ataque cerebral. Navarro Valls dice que conocía al papa porque en el último instante se coló en el ascensor que llevaba al pontífice hasta la planta donde estaba ingresado Deskur.

La decisión de permanecer en el Vaticano la toma el propio Wojtila. Consciente de la gravedad de su situación por la información que le proporcionan los médicos, les dice que sólo irá al Gemelli si es estrictamente necesario. El equipo médico sabe que no hay nada que hacer. En la noche del viernes primero de abril la situación se agrava. El parte leído por el portavoz vaticano dice que «las condiciones generales y cardiorrespiratorias del Santo Padre se han agravado todavía más. Se registra una hipotensión arterial cada vez más grave, mientras que la respiración se ha vuelto muy superficial. Se ha consolidado un cuadro clínico de insuficiencia cardiocirculatoria y renal. Los parámetros biológicos están en notable peligro». Desde la plaza sube un murmullo: la multitud reza para que Wojtila tenga fuerzas en este tramo final de su vida. En las últimas horas habían pasado por sus aposentos sus más directos colaboradores: el vicario de Roma, cardenal Ruini, el camarlengo Eduardo Martínez Somalo, Joaquín Navarro Valls, el secretario de Estado Angelo Sodano. Juan Pablo II se pudo despedir también del cardenal polaco americano Edmund Szoka, gobernador del Estado vaticano, del cardenal Ratzinger y de moseñor Lajolo, su ministro de Exteriores. Por su habitación pasan también dos de sus amigos personales, el arzobispo Stanislaw Rylko, presidente del Consejo Pontificio de los Laicos, y del anciano cardenal Andrzey Deskur. Nadie hubiera podido imaginar que después de aquel ictus en el 78 fuera Deskur quien despidiera al papa. Uno de los que le visitan ese viernes es el cardenal Pompedda: «No parecía sufrir, incluso a pesar de que respiraba con dificultad. Me arrodillé ante él, me vio e intentó decirme algo, pero no pudo, sólo fue capaz de mirarme y de sonreírme.»

El viernes había comenzado en su habitación con una misa celebrada por su secretario personal y con el rezo de las horas. Lejos, en Cracovia, la ciudad rezaba en las iglesias y las familias judías encendían las velas del *Sabbath*. Tal vez sea la primera vez que en las plegarias antes del sábado se reza por un pontífice católico, y es que ningún papa se había acercado tanto a los judíos. Las oraciones se repetirán en muchos lugares, entre los judíos, entre los musulmanes, en la casa de todos aquellos que participaron en aquellas oraciones de Asís a las que Wojtila, profeta, invitaba a las religiones del mundo, desde los sintoístas nipones hasta los indios animistas de América. Se rezaba en las iglesias de España, en las de Hispanoamérica, o en las de Filipinas. Los franciscanos de

Jerusalén recordaban su visita a Tierra Santa en misas y oraciones del papa que había rezado ante el Muro de las Lamentaciones.

Desde las primeras noticias sobre el empeoramiento de la salud del papa cientos de miles de personas se acercaron a la plaza de San Pedro para rezar por el pontífice. Alrededor de velas, con banderas vaticanas y polacas, y desafiando el frío, los fieles, muchos de ellos jóvenes, pasaban las horas rezando el rosario y cantando, mientras circulaban falsas alarmas debidas a errores de interpretación. Esperaban señales y eran capaces de romper a llorar cuando los guardias suizos cumplían con la rutina de cerrar de noche una de las puertas de bronce que cortan el paso a los palacios Apostólicos. Llega el sábado y la plaza se llena temprano de peregrinos que miran hacia un punto: las ventanas del papa. Las televisiones y algunas agencias sujetan sus nervios para evitar los patinazos de la noche anterior cuando anunciaron la muerte del pontífice.

A las nueve de la noche, en medio de rumores no confirmados sobre un desenlace fatal, comenzaba el rezo del rosario convocado por el vicario general del papa para la Ciudad del Vaticano, monseñor Angelo Comastri. Entre los fieles había muchos españoles. Poco antes, a las siete de la tarde, comenzaba en San Juan de Letrán una misa a la que accedieron miles de fieles y las primeras autoridades. En su homilía, el cardenal Ruini anunciaba la inminencia de la muerte: «En estas horas de sufrimiento, como siempre durante su incansable ministerio, Juan Pablo II ya ve y toca a Dios, ya está unido a nuestro único Salvador.» La noche del 2 de abril, todas las miradas están fijas en dos ventanas de la tercera planta del palacio

Apostólico: el apartamento de Juan Pablo II. De pronto, una tercera ventana se ilumina y nadie comprende. Son las 21.37 horas del sábado 2 de abril de 2005. Familias enteras desfilan lentamente con el cansancio y la preocupación asomados a los rostros. Juan pablo II se está apagando, y los jóvenes le cantan y le reclaman «¡Quédate un poco más!». A las 21.55, un móvil interrumpe la espera de un grupo apostado a la izquierda de la columnata. Un hombre que ronda los sesenta contesta y deja escapar un lamento: «E morto, e morto.»

«Habéis vuelto a mí»

Poco a poco, la noticia se extiende como una onda que rebota en los teléfonos, que se adelantan a la comunicación oficial. La agencia italiana Ansa colgó la noticia en Internet a las 21.52. Tras la primera sorpresa inicial, brotan los primeros llantos, tímidos, que se van extendiendo a la par que la noticia. Un comunicado del Vaticano precisa las circunstancias de la muerte: «A las 21.37, el papa ha vuelto a la casa del Padre.» La nota posterior del Vaticano precisará algunos detalles: «El Santo Padre ha fallecido esta noche a las 21.37 en su apartamento privado. A las 20 horas había comenzado una misa de la fiesta de la divina misericordia presidida por monseñor Dziwizs, con la participación del cardenal Jaworsky, monseñor Rylkoy y monseñor Mkrzycki. En el curso de la santa misa se le ha administrado a Juan Pablo II el santo viático y una vez más la unción de enfermos. Las últimas horas del Santo Padre se han caracterizado por una ininterrumpida plegaria de todos los que le asistían en su piadoso tránsito y con la coral participación en la plegaria de miles de fieles recogidos desde hacía muchas horas en la plaza de San Pedro. En el momento del fallecimiento estaban presentes los monseñores arriba citados más las tres religiosas polacas del Corazón de Jesús que prestan sus servicios al papa; su médico personal, Renato Buzzonetti, dos médicos de guardia y dos enfermeros.» El certificado de defunción firmado por Buzzonetti señalaba que el papa había fallecido por un *shock* séptico y colapso cardiorrespiratorio irreversible. Hará falta el anuncio de monseñor Leonardo Sandri, ministro del Interior del Vaticano, para que todos los fieles comprendan: «Nuestro amadísimo Santo Padre ha sido llamado a la casa de Dios.» El canto del *Salve Regina* rompe el silencio. Algunos aplausos y gritos de «Viva el papa» agradecen la entrega de Juan Pablo II hasta su último aliento. Un anciano se acercó aquella noche en su silla de ruedas hasta la plaza de San Pedro. Su testimonio fue recogido por Diego Contreras para *La Gaceta de los Negocios*: «Estoy aquí porque el papa no se ha avergonzado de estar enfermo, y con ello nos ha dado fuerza también a todos nosotros.»

Su último mensaje lo trasladará Joaquín Navarro Valls. Va dirigido a quienes aguardan en la plaza en el frío húmedo de los primeros días de abril. Puede ser el resumen de una vida dedicada a buscar las almas en todos los rincones del mundo, en la parroquia global que construyó incansable: «Os he buscado. Ahora vosotros habéis venido a mí. Y os doy las gracias.» Su última palabra, según quienes estaban cerca de su lecho, fue un «Amén».

No sabemos con certeza cuándo se despidió. Según su médico, Renato Buzzonetti, la última hora y media antes de expirar estuvo inconsciente, y en las horas anteriores no pudo pronunciar una sola palabra. A las 21.37, el cardenal camarlengo Eduardo Martínez Somalo, asistido por los doctores del equipo médico, certifica la muerte del pontífice.

El cardenal Javier Lozano Barragán cuenta que se enteró de la muerte del papa por el decano. La maquinaria del relevo se ponía en marcha. La sede queda vacante. La curia cesa en sus cargos. Sólo unos pocos, entre ellos el camarlengo y el penitenciario mayor, continúan en sus puestos. La noticia a los cardenales la dio Joseph Ratzinger: «El decano de los cardenales me notificó de forma oficial la muerte del pontífice. Y al mismo tiempo me comunicaba que dejaba de ser jefe del Dicasterio. Porque nosotros somos jefes como una prolongación del papa, como un brazo del papa. En mi caso, un brazo en la pastoral de la salud. Se muere el papa y morimos nosotros. De manera que ahora quedamos sólo como cardenales electores.» No era poco. Algunos, los mayores de ochenta años, tenían limitada su participación a los debates de las congregaciones. De las votaciones quedaban excluidos, por una decisión de Pablo VI que Juan Pablo II no cambió.

Llegaría la hora del agradecimiento. Será la mayor manifestación jamás conocida. La prensa se llena de elogios. Han olvidado el recelo con el que se le recibió por parte de la izquierda en aquellos años ochenta. O quizá mejor diremos que él se lo ha hecho olvidar. Sobra el repaso detallado a todos los que le han dado gracias por su coherencia, por la defensa de los derechos, por su grito a favor de los débiles, por la denuncia de la explotación de los niños de las favelas brasileñas, por su condena del aborto, por su ejemplo inmenso, inconmensurable. Nos llaman la atención, eso sí, algunos silencios que es mejor no citar porque están en la mente de todos. Roma se llena de frases pegadas de urgencia en las paredes: «*Grazie*, Santo Padre.» El filósofo Henry Levy escribe uno de los textos más bellos y sinceros que se leen esos días en la prensa internacional. Está firmado por un intelectual de origen judío. Lo encontramos en el semanario *Le Point*: «Esbelto. Alma de santo en cuerpo de atleta. Cuesta imaginarlo hoy así, cuando sólo se ha conocido al papa sufriente de los últimos tiempos. Y sin embargo es esa imagen joven y gloriosa la que me viene a la memoria. Fue el papa de la lucha contra el comunismo, sin duda. A él le corresponde el mérito, más que a cualquier otro, de haber sido el artífice del desmoronamiento de los imperios rojos. Pero por encima de todo fue el primer responsable de una Iglesia contemporánea que comprendió que el comunismo, igual que el nazismo, era sólo una peripecia más de esa larga y sombría historia de la "muerte de Dios". Contra esa historia se levantó. Contra esa historia y sus corolarios criminales se rebeló heroicamente. Y acuérdense del terrible precio que estuvo a punto de pagar por su audaz metafísica: Mehmet Ali Agca, el KGB, una bala en el abdomen, quizá el comienzo del calvario [...] Este visionario, este inventor de la Europa moderna, este valeroso hombre al que el continente debe la unidad reencontrada fue el jefe de la Iglesia católica. Nada más que por eso, nada más que por asumir esa apuesta contra toda esperanza debemos dar las gracias a Wojtila. Una sola imagen. La de su viaje más largo. El más corto pero, al mismo tiempo, el más largo. El que, una buena mañana de 1986, le llevó a la otra orilla del Tíber, hasta la sinagoga de Roma. Para mí, para muchos otros, ese viaje fue un momento de intensa emoción. Fue el último paso, pero el más difícil, de un camino que había empezado en Trento.»

Ali Agca tendrá todavía su minuto de gloria cuando desde la cárcel dice en el diario *La Repubblica* que para intentar asesinar a Wojtila contó con ayuda de algún cardenal de la curia. El turco quizá confía en nuestra mala memoria, pero recordamos con nitidez aquel día en el que el papa entró en el Gemelli con un hilo de vida, un hilo fino, tan tenue que era invisible, que los médicos no lo vieron hasta que se lanzaron desesperados a salvar a aquel hombre que la providencia puso en nuestras vidas durante veintiséis años de dolor y de gloria. También en esos días sabremos más detalles de por qué Yuri Andropov ordenó que segaran la vida de aquel hombre que había resistido a los nazis (algo que los soviéticos no perdonaban) y a la dictadura comunista. El mundo le reconoce el empuje, la fe en el hombre con la que ayudó a derribar el Muro de Berlín, el Telón de Acero del que hablara Winston Churchill. El tiempo pone las cosas en su sitio. Casi un cuarto de siglo después, la izquierda le reconocerá su contribución a la libertad en Europa y a la distensión en el mundo, y a la denuncia de las guerras y a la exigencia de la paz. Esos días del homenaje en Roma era frecuente escuchar frases como ésta: «Yo no creo, pero este hombre tenía una alma grande y generosa que me conmueve.»

En esos días de luto y reconocimiento se desempolvan viejas historias, menos conocidas, sobre los años oscuros en Polonia. Salen a la luz nuevas investigaciones, detalles encontrados entre las fichas de la policía política polaca. Mucho antes de convertirse en papa, Karol Wojtila era objetivo de la investigación de la policía secreta. En 1963 había sido clasificado dentro de la categoría de los «opositores ideológicos muy peligrosos». Marek Lasota, investigador del Instituto de la Memoria Nacional, organismo que centraliza los archivos de los viejos servicios secretos, dice que su nombre estaba en las listas de las prioridades.

El nombre de Wojtila aparecía desde 1946 en los archivos del UB, los servicios secretos de Polonia, que luego serían rebautizados como el SB. Su primera anotación corresponde a su participación en una manifestación patriótica, cuando todavía era un sacerdote de apenas veintiséis años. Su consagración como obispo de Cracovia en 1958 excitó el trabajo del servicio secreto. Le vieron como una amenaza. Tenían sus razones. Wojtila consolidó la Iglesia en la región y tejió una red de contactos y relaciones con los medios intelectuales anticomunistas. Los servicios secretos intentaron utilizarle para dividir a la Iglesia polaca. Jugaron la carta de este arzobispo progresista y abierto contra el inflexible primado de Polonia, Stefan Wyszynski. La estrategia fracasó. Según los archivos consultados por Lasota, el régimen no debería haberse sorprendido por la elección de Juan Pablo II en 1978, pero no valoró las consecuencias del acontecimiento. Lo que ilustra esta tesis es la reacción del primer secretario del Partido Comunista Polaco (POUP), Jozef Czyrek, cuando dijo: «Prefiero tener a Wojtila en Roma como papa que aquí en Polonia como primado.» Bastarían unos meses para comprobar el poder desestabilizador de Juan Pablo II, que se hizo evidente en el transcurso de su viaje de peregrinación a Polonia en 1979. Aquella conmoción que provocó en Polonia se repitió en muchos otros lugares durante veintiséis años. Y ese río fue a desembocar a su muerte, muy cerca del Tíber. Para entonces ese río lo formaban ya muchos millones.

La victoria póstuma de Wojtila

Una marea humana. Las cámaras de la RAI, encaramadas en helicópteros, no lo podían abarcar. Era un río ininterrumpido de dos kilómetros de longitud que competía con el Tíber y serpenteaba por las calles del Borgo, el viejo barrio al amparo del Vaticano, esas calles en las que, en tiempos de Mussolini, se abriera la Via della Conzilliazione para desplegar la magnificencia de la plaza de San Pedro y la fachada de la basílica. Eran decenas de millares apretados unos contra otros, caminando pacientemente un paso tras el otro hacia la basílica donde se instaló la capilla ardiente. Habían esperado con paciencia. Quizá habían visto por televisión el primer homenaje en la Sala Clementina, con el cuerpo del papa vestido de obispo, con las vestimentas rojas, sobre un lecho de grandes cojines. Paloma Gómez Borrero fue la periodista que nos dio esa semana la exclusiva del testamento, y una de las pocas que consiguió entrar en aquella sala donde reposaban los restos mortales del papa, donde le despidieron los cardenales, donde las monjas que le atendieron no se separaban de su lado, donde monseñor Dziwiszs buscaba el consuelo de una respuesta afirmativa: «¿Verdad que está sereno?», preguntaba a todos. ¿Tanto habría sufrido en sus últimas horas?

El lunes 4 de abril, los restos son trasladados a la basílica a través de una plaza abarrotada que estalla en aplausos al paso del cadáver. Es el momento más emotivo del día. Es su último viaje, la última vez que ha atravesado la plaza, el mismo lugar donde estuvo a punto de perder la vida el 13 de mayo de 1981. Acostado en un paño de terciopelo rojo, llevado por doce hombres vestidos de negro y rodeado por ocho guardias suizos en uniforme, salió del palacio Apostólico por la puerta de bronce para llegar a la basílica. Lo situaron frente al altar mayor, con una mitra blanca. Vestido con una alba, revestido con una casulla de color rojo, bordeada por una cinta de oro. Las manos estaban juntas, y entre sus dedos un rosario. Llevaba también el palio, la banda que simboliza la plenitud de la función episcopal que había recibido el día de su entronización, el 22 de octubre de 1978.

Esa misma tarde comienza un desfile interminable, ordenado, sereno. Cientos de miles de personas aguardan horas y horas, algunas hasta veinte, para ver unos segundos al papa antes de ser enterrado. Le quieren devolver algo de lo mucho que él les dio. Vienen de Europa, de América, de Asia. Predominan los italianos y después los españoles y los polacos. Son casi todos jóvenes pero también hay familias enteras, monjes, grupos de franciscanos, hermanas de Teresa de Calcuta. Los tres millones de romanos se convierten en pocos días en seis millones, y la ciudad, gobernada por el alcalde Veltroni, de la izquierda, aguanta bien sin romperse por las costuras. Roma ya es una capital moderna, quizá lo ha sido desde que hace siglos, en 1300, Bonifacio VIII se inventara los Años Santos. Roma otra vez *caput mundi*. Pasan a razón de dieciocho mil peregrinos por hora. La capilla ardiente sólo cierra de dos a cinco de la madrugada para acondicionar los restos mortales del papa. La fila espera, y entretiene la vigilia con alguna canción, mientras la humedad fría cae como en oleadas sobre este campamento de la esperanza. El río comienza a moverse de nuevo unas horas después. La multitud obedece a los *carabinieri*, incluso cuando el jueves dicen que todo ha terminado porque hay que preparar la plaza para los funerales del día siguiente. Algunos de los que entran en la basílica se encuentran con esa imagen insólita de tres presidentes de Estados Unidos rezando arrodillados frente al cadáver de un jefe de Estado que sólo tiene un pequeño ejército de suizos sin divisiones; o con el homenaje de los Reyes de España, reclinados ante Wojtila mientras Zapatero charla distraído unas filas más atrás.

¿Quién ha movido toda esta energía? ¿De qué regiones espirituales viene toda esta corriente? Algunos dicen que se trata de una manifestación inducida por sectores conservadores de la Iglesia. Se hace difícil pensar en una movilización de este calibre organizada por el Opus Dei, Comunión y Liberación y Legionarios de Cristo. Si lo han conseguido, habrá que pensar que tienen una gran fuerza. Sin embargo, el fenómeno supera cualquier medida y toda capacidad de convocatoria que no incluya un elemento de espontaneidad, un gesto de agradecimiento en el que participan también agnósticos, hombres y mujeres alejados de la fe, que han visto en Wojtila al hombre que se entregaba a la verdad y que ponía como prioridad ante todo la dignidad de la vida humana, la dignidad de la persona. Esa serpiente humana que ocupa la Roma moderna deletrea un inmenso «¡Gracias!».

Por supuesto que no se irán sin llevarse un recuerdo en sus móviles, una foto, un instante, en el segundo que los guardias dejan detenerse ante la capilla. Saben que despiden a un hombre irrepetible, a uno de los grandes del siglo XX, al último líder espiritual planetario. ¿Qué mensajes trasladaba aquella multitud a los cardenales, que se estaban preparando para elegir al sucesor de Wojtila? ¿Qué respuesta darán los cardenales cuando se encierren en la Sixtina para elegir al sucesor? Quizá era un mensaje de continuidad, de reafirmación en la fe, de una apuesta decidida que no esconde su verdad sino que la proclama en alta voz, sin complejos, sin miedos.

El testamento

En aquellos días vio la luz el testamento del papa, su último mensaje a la Iglesia. El texto, escrito en polaco de su puño y letra, había sido custodiado por su secretario, don Stanislaw, que lo ha entregado al cardenal camarlengo. El texto fue traducido al italiano, empresa difícil en la que se cometió algún error que luego hubo que subsanar. Donde dijeron «la ciudad de mi amor» tuvieron que poner «la ciudad de mi juventud», alertados por la curiosidad de algún comentarista que quería saber qué tipo de amor había experimentado Wojtila en aquella fase de su vida. El papa no tiene bienes y por tanto nada deja. No nombra al cardenal *in pectore* y, por tanto, aquel nombramiento que guardaba en su corazón queda sin efecto. Indica que su deseo es ser sepultado en la tierra desnuda, con una sencilla lápida de mármol blanco, en la tumba que ocupó Juan XXIII hasta que fuera beatificado.

El testamento era un texto complejo, escrito por fases, en diferentes etapas de su vida. Las primeras anotaciones son de 1979. Wojtila da órdenes a su secretario para que destruya todas sus notas personales. El 17 de marzo de 2000, en el último capítulo del testamento, el papa dice que su memoria regresa a la parroquia de Wadowice, donde fue bautizado.

Hay otro error que se extiende la tarde que se conoce el testamento, pero éste no se puede achacar a los traductores del polaco porque se trata de una expresión en latín. En una línea del texto, escrita después del Jubileo del 2000, cuando el papa siente que ha recibido la gracia de atravesar el umbral del milenio, Wojtila escribe: «*Nunc dimittis, servum tuum, Dómine, secundum verbum tuum in pace*», de donde los profanos en latín deducen que el papa pensó en dimitir cuando en realidad la traducción es la siguiente: «El señor me ayudará reconocer hasta cuándo debo continuar.» El *dimittis* latino tiene varias acepciones y una de ellas es la de dejar ir. La cita está tomada del Evangelio de San Lucas, quien pone esa expresión en boca de Simeón, hombre bueno y simple a quien el Espíritu Santo había prometido que no le llegaría la muerte sin haber conocido a Cristo. Cuando contempla a Jesús, llevado al templo, le dice al Señor que ya puede disponer de su vida puesto que ya ha visto al Mesías. Por unas horas algunos periódicos han situado en sus cabeceras la idea de que el pontífice habría lanzado la toalla blanca ante Dios.

Los funerales

El viernes 8 de abril amaneció nublado y, poco a poco, conforme avanzaba la mañana, el viento fue barriendo el aire de la ciudad. La plaza se llena en seguida y la multitud llega hasta más allá del Tíber. La monarquía electiva vaticana ha reservado las primeras filas para las monarquías europeas, para los que comparten con los cardenales un sitio en el Gotha, donde figura la aristocracia mundial. Los Reyes de España están en la primera línea. Don Juan Carlos es además comendador de una de las grandes basílicas de Roma, Santa Maria Maggiore. Junto a ellos, los miembros de otras casas reales: los reyes de Bélgica, Dinamarca, Jordania y Suecia, los grandes duques de Luxemburgo y el rey de Lesoto. Detrás estaban el presidente francés, el portugués Jorge Sampaio, el británico Tony Blair y el italiano Carlo Ciampi. El presidente Bush, acompañado de dos ex presidentes y de su esposa, formaba la delegación norteamericana. Nunca unos funerales han congregado a tanto poder terrenal. Sólo hay dos ausencias notables: la de Fidel Castro, que asiste en Cuba a una misa de homenaje al papa difunto, y la de las autoridades chinas, que censuran en su televisión oficial cualquier imagen de los funerales. Los americanos fueron los primeros en llegar el día anterior. La cumbre en que se convirtieron sus funerales por un hombre de paz permitió algunos encuentros. El presidente de Israel, Moshe Katsav, saludó a sus homólogos de Siria, Irán y Argelia, en un acercamiento que Ariel Sharon no podría haber imaginado. Hubo otras reconciliaciones, como la del presidente polaco, Alexander Kwasnieswski, y su antecesor, Lech Walesa, que no se hablaban desde hacía un año y que mantuvieron diferencias irreconciliables hasta días antes de viajar a Roma.

A las diez y cuatro minutos se abrió la basílica de San Pedro y comenzó la procesión. El féretro de madera de ciprés pasó bajo un tapiz que mostraba a Cristo resucitado. Lo portan en andas algunos gentileshombres del Vaticano. Lo depositan en el suelo, frente al altar, con unos Evangelios abiertos sobre la madera, rito que se cumple desde que Pablo VI expresara el deseo de que el viento extendiera el mensaje evangélico. Una larga procesión de mitras, hasta ciento sesenta y cuatro, surge de la puerta de la basílica. El decano del colegio cardenalicio, Joseph Ratzinger, cierra el desfile. El viento voltea las casullas rojas y obliga a los cardenales a sujetar las mitras. Las ráfagas de ese aire húmedo provocarán plásticas imágenes coloristas durante la ceremonia.

Aplausos en la ceremonia

Ratzinger es el último que besa el altar. La ceremonia comienza. «*In nome Pater et Filii et Spiritui Sancti.*» Ratzinger había dormido poco la noche anterior para preparar una de las homilías más importantes de su vida, la del homenaje al papa que le llamó a Roma y al que siguió durante veinticuatro años. Muchos cardenales escucharon esa mañana con mucha atención las palabras del prefecto para la Doctrina de la Fe. Ratzinger, a quien no le gustan los aplausos en las ceremonias, se verá interrumpido por el entusiasmo de los fieles en doce ocasiones. «Sígueme, dice el Señor resucitado a Pedro, como última palabra a este discípulo, elegido para apacentar a sus ovejas», comienza diciendo Ratzinger, que pronto se ve interrumpido por la multitud, y continúa saludando a los mandatarios y autoridades: «Saludo a los jóvenes [*enormes gritos de aplauso y de júbilo*], a los que Juan Pablo II gustaba definir futuro y esperanza de la Iglesia...» Después prosigue con una rápida biografía de Wojtyla, desde su trabajo en la fábrica hasta sus últimos años, pasa por el momento de su ordenación sacerdotal y se detiene en tres frases que marcaron su sacerdocio: «No me habéis elegido vosotros a mí sino yo a vosotros para que deis fruto y vuestro fruto dure», «El buen pastor ofrece su vida por sus ovejas» y «Como el padre me ha amado, así os he amado yo. Permaneced en mi amor». Ratzinger comenta estas frases como representativas de toda la actividad del papa. «Ha sido un sacerdote hasta el final, porque ha ofrecido su vida a Dios y a toda la familia humana, y así se ha convertido en una sola cosa con Cristo. [*Nuevos aplausos.*] Él es el buen pastor que ama a sus ovejas. Es el papa que ha buscado el encuentro con todos y que se ha perdonado y se ha abierto a todos. Nos dice también hoy, con estas palabras del Señor: Permaneciendo en el amor de Cristo, aprendemos en la escuela de

Cristo el arte del verdadero amor [...]. Sígueme, esta palabra lapidaria de Cristo puede ser considerada la clave para comprender el mensaje que se desprende de la vida de nuestro llorado y amado Juan Pablo II, cuyos restos vamos a depositar en la tierra como semilla de inmortalidad con el corazón lleno de tristeza. Pero también de gozosa esperanza y de profunda gratitud.»

Ratzinger añadió que Wojtila «dio nueva frescura, una nueva actualidad, nuevos atractivos al anuncio del Evangelio». El decano recorría después las estaciones del *via crucis* personal de Wojtila: «El papa ha sufrido y amado en comunión con Cristo, y por ello el mensaje de su sufrimiento y de su silencio ha sido tan elocuente y fecundo.» Recuerda que en su último libro, *Memoria e identidad*, el papa hace una reflexión sobre el atentado que sufrió en 1981: «Cristo, sufriendo por todos nosotros, ha dado un nuevo sentido al sufrimiento, lo ha introducido en una nueva dimensión, en un nuevo orden: el del amor. Es el sufrimiento que quema y consume el mal con la llama del amor», prosigue el texto citado por Ratzinger.

La temperatura emocional de la plaza subió varios grados cuando Ratzinger recordó «el inolvidable último Domingo de Pascua del Santo Padre, cuando marcado por el sufrimiento se ha acercado una vez más a la ventana del palacio Apostólico y por última vez nos ha dado la bendición *urbi et orbi*. Podemos estar seguros de que nuestro amado papa está ahora en la ventana de la casa del Padre, nos ve y nos bendice. Sí, bendícenos, Santo Padre. Nosotros confiamos tu querida alma a la Madre de Dios, tu madre, que nos ha cuidado día a día y te guiará a la gloria eterna de su Hijo Jesucristo nuestro Señor, amén.» Este párrafo había sido interrumpido por aplausos atronadores. Al final de la homilía estalló desde el fondo el grito de «*Santo subito*» («santo ya»).

La ceremonia continuó saltando de una a otra lengua, cargada de imágenes de un profundo significado litúrgico. Los funerales terminaron con un coro ecuménico formado por líderes de otras religiones, como el patriarca ecuménico de Constantinopla, el primado de la comunión anglicana, el patriarca de los coptos, y el de la Iglesia apostólica armenia, que imploraron a Dios para que acogiera al papa en su seno.

El entierro

Tras la bendición, los doce silleros retiraron entre aplausos y lágrimas de la multitud el féretro con los restos mortales del papa. Las campanas de Roma doblaban a muerto y extendían el luto por toda la ciudad mientras el cuerpo de Wojtila era llevado a su última morada. Fue enterrado en presencia de sus más cercanos, directamente en la tierra, sin sarcófagos ni estatuas ni cualquier otro ornamento. Más próximo a la humildad de los primeros cristianos que al boato renacentista. Así descansa desde el 8 de abril de 2005 Juan Pablo II. Una de las pocas indicaciones que dejó el papa sobre su entierro fue su deseo de ser inhumado en tierra desnuda y que su féretro yaciera lo más cerca posible del primer papa de la historia, san Pedro, de quien «recogí el testigo de la Iglesia cerca de dos mil años después».

Al rito de la sepultura, presidido por el camarlengo y el decano del Colegio Cardenalicio, asistieron también el penitenciario y otros tres cardenales, uno por cada una de las órdenes cardenalicias: obispos, presbíteros y diáconos, y duró sólo una media hora. La fosa donde descansa Juan Pablo II tiene una profundidad de menos de dos metros y sólo lleva encima una lápida sencilla con su nombre y la fecha de su pontificado, al estilo de la de Pablo VI.

El cuerpo del papa descansa junto a la mayoría de los pontífices, demostrando así que él no era sino una pieza más del engranaje de la Iglesia y renunciando a que su sepulcro se convirtiera en un lugar de culto. Reposa a unos veinte pasos de donde está escrito «*Petrus hic*» («Pedro está aquí»). Éste era el lugar a donde cada vez que volvía de viaje, antes de subir a su apartamento, se acercaba a rezar, a la hora que fuera. Cerca están dos tumbas de dos reinas, la de Carola de Chipre y la de Cristina de Suecia, que se convirtió al catolicismo después de renegar de Lutero, y en honor de quien se construyó una de las puertas de Roma, la que da paso a la célebre Piazza del Popolo.

«Santo subito»

El papa había muerto hacía tan sólo unas horas cuando el cardenal Javier Lozano Barragán dijo ante las cámaras de Televisa que quizá el primer gran milagro de Wojtila había ocurrido en México en 1990. «*Santo subito.*» Heron Badillo era un niño de cinco años cuando su madre le llevó al aeropuerto de Zacatecas para ver al papa en su viaje a México. Los médicos aseguran que cuando sus padres lo llevaron del hospital para ir al aeropuerto estaba en fase de curación, que había respondido al primer tratamiento, pero también reconocen que su evolución posterior fue inusual. La familia de Heron vive en Río Grande, una población de diez mil habitantes, a dos horas de coche de Zacatecas. Es el México de las películas, un desierto quemado, cactus, hombres con grandes bigotes y sombreros.

Hoy Heron es un muchacho fuerte, tiene veinte años, novia, y estudia para entrar en la Facultad de Ingeniería. Hace años, sus padres le animaron a entrar en el seminario, pero la vocación no terminaba de aparecer. Su foto, junto al papa en el aeropuerto, está en todas las habitaciones de su casa. Otras imágenes muestran a la familia junto a Wojtila en una audiencia en Roma en 2003. La madre recuerda la visita del papa: «Anunciaron que el papa vendría a Zacatecas el 12 de mayo de 1990. Conseguimos llegar a la primera fila, con el niño en brazos. Él lo vio, le pidió que liberara la paloma que tenía entre las manos y le besó en la cabeza. Heron no tenía ni un solo cabello por la quimioterapia, no tenía apetito y no soportaba el tratamiento. Habíamos decidido sacarlo del hospital. Cuando llegamos a casa pidió comer pollo.» En pocas semanas, Heron estaba curado de la leucemia linfoblástica.

En Zacatecas, durante los días de la agonía y los funerales por Wojtila no se hablaba de otra cosa. Es la región más católica de México. Ha dado cinco santos a la Iglesia y cuenta con un número notable de iglesias y de santuarios. Felipe Badillo, el padre de Heron, dice que no tienen ningún interés particular: «No tenemos ningún interés económico, no pedimos dinero por las entrevistas. Para nosotros, Wojtila ya es un santo, desde aquel día del año 90 cuando salvó la vida de nuestro hijo. Si el Vaticano nos necesita, nosotros estamos a su disposición.» La opinión de los médicos que atendieron a Heron difiere en algún matiz. Dicen que los padres se llevaron al niño a casa no porque estuviera en fase terminal, no porque no hubiera nada que hacer, sino porque en realidad la enfermedad estaba remitiendo. En opinión de los médicos, el niño había recibido un tratamiento a todas luces insuficiente, y las posibilidades de una recaída eran muy altas.

El lunes día 4, un numeroso grupo de cardenales firmará, tan sólo a dos días de la muerte, un escrito dirigido al decano del Colegio de cardenales. Es un grupo numeroso pero no son todos, porque algunos rechazan figurar en ese documento para no ejercer presión sobre el nuevo pontífice. Las normas dicen que deben pasar cinco años de la muerte para iniciar el proceso, pero esa regla puede ser revocada por el papa. El portavoz vaticano, Joaquín Navarro Valls, lo tiene claro: «Yo veré a Juan Pablo II en los altares.» El propio Wojtila se saltó los pasos en el caso de Teresa de Calcuta, cuyo proceso de beatificación se inició tan sólo dos años después de la muerte de la «santa de los pobres», a quien se le reconoció el rango de beata a los cinco años de su muerte.

El cardenal Marchisano, arcipreste de la basílica de San Pedro, será el segundo en aportar detalles de otro posible milagro. El cardenal cuenta que fue curado por el papa: «Sufrí una operación de la carótida y las cuerdas vocales se me quedaron paralizadas. El papa me tocó en el lugar exacto de la garganta donde había sido intervenido, diciendo que iba a pedir por mí. Después de algún tiempo —añade— he vuelto a hablar con toda normalidad.»

Hay todavía uno más, éste relatado por monseñor Stanislaw Dziwisz. Un día del verano del 98 el papa recibe en Castelgandolfo, la residencia de verano, a un rico americano que sufre un tumor canceroso en el cerebro y que sólo tiene tres deseos en la vida: ver al papa, peregrinar a Jerusalén y volver a casa para morir. Dziwisz se acuerda de los rasgos del enfermo, de las huellas del cáncer en su rostro y de la pérdida de cabello por la quimioterapia. Una mañana, Wojtila le invita a la misa privada en la capilla del pontífice. En el momento de la comunión se acerca al altar para recibirla de manos del papa. Pero no sabe qué hacer. Es un hombre que no tiene la fe católica, es judío. «Le hice algunos reproches, pero en buen tono, con delicadeza», dice Dziwisz. Varias semanas más tarde, el tumor desapareció completamente. Para Dziwisz se trata del signo de que «la fuerza de Dios es superior a cualquier esquema humano».

Durante el pontificado de Wojtila se han reconocido 482 santos y 1.130 beatos. Lo que supone algo menos de la mitad de cuantos ha nombrado la Iglesia católica en toda su historia. Santos en el doble sentido de la palabra, capaces de establecer un diálogo entre lo divino y lo humano, y en el sentido de ser ejemplo para el resto de los cristianos. De los 264 papas que ha tenido la Iglesia, 78 han sido proclamados santos y otros diez han sido beatificados. Casi todos los que reinaron en los primeros siglos del cristianismo alcanzaron la santidad mientras que la costumbre de elevar a los altares a los obispos de Roma fue perdiendo popularidad en la Edad Media. De los últimos, tan sólo Juan XXIII ha alcanzado la beatificación.

Pero esa tarea, la de la decisión sobre la beatificación de Juan Pablo II, iba a corresponder a su sucesor. Sólo él sería el dueño de los ritmos y de las cadencias del proceso. Como decían algunos en esos días: «Wojtila es santo, lo de menos es cuándo se le reconozca.» La semana de los funerales, desde el lunes 4 de abril, se estaban reuniendo las congregaciones, a razón de una reunión diaria. A las primeras asambleas asistieron unos sesenta y cinco cardenales, los de la curia y los que habían ido llegando desde sus archidiócesis. Los primeros asuntos que trataron se referían al gobierno diario de la Santa Sede. Las cuestiones de debate deberían esperar hasta la semana siguiente, una vez enterrado el papa. Las primeras estaban rodeadas de la atención de los periodistas, pero pronto el decano Ratzinger propondría un pacto de silencio para alejar el poder de los medios de las deliberaciones previas al cónclave. Al fin y al cabo, la clausura se había instituido para alejar de la elección al poder ajeno a la Iglesia y hoy uno de los grandes poderes es la televisión. Los cardenales obedecieron y los medios pasaron unos días de sequía informativa, entretenidos en componer quinielas y obligados a rescatar algunas entrevistas de archivo para componer la información diaria.

CAPÍTULO 3

Camino del cónclave

> Esta noche, a las diez, hemos ido a ver la procesión de los cardenales que entraban en cónclave.
>
> STENDHAL
> *Promenades dans Rome*
> (23 de febrero de 1829)

¿Cómo ganó Ratzinger?

Una de las preguntas que debemos hacernos es ¿cómo ganó Ratzinger? El cónclave, lo hemos dicho, es un acto de oración, pero también una elección política. El propio Ratzinger lo reconoce en una entrevista con la televisión alemana, hace unos años, cuando dice que el papel del Espíritu Santo es, más que el de soplar el nombre de quien debe ser elegido, el de evitar que aquella reunión termine en un desastre. El teólogo alemán figuraba en todas las listas de candidatos. Antes de que se cerrara el cónclave en la tarde del 18 de abril, algunos vaticanistas se habían dedicado a contar los votos de que disponía, y la cuenta daba un respaldo de unos cincuenta cardenales. Se había formado por tanto un grupo importante en torno a su candidatura, pero insuficiente, lejos de los 77 votos imprescindibles para alcanzar los dos tercios necesarios para la fumata blanca.

Cerrado el cónclave, había serias dudas sobre las posibilidades del prefecto de la Doctrina de la Fe. La prensa se dividió entre quienes, como *Il Foglio* o *The New York Times*, pensaban que sería el elegido, y los que aventuraban un duelo entre Ratzinger y Martini de consecuencias imprevisibles, como *La Repubblica* o *Il Corriere della Sera*. Conforme se avanzaba en las votaciones, las posibilidades de que fuera elegido disminuían. El cónclave fue rápido y la fumata blanca llegó a las seis menos diez del martes. Estábamos por tanto ante uno de los cónclaves más rápidos del siglo, sólo superado por el que eligió en 1939 al cardenal Pacelli (Pío XII), o el que designó primado de Roma a Albino Luciani (Juan Pablo I) en 1978.

La rapidez de la elección tampoco significaba nada. Luciani salió de un cónclave relámpago y, sin embargo, su nombre salió a escena como consecuencia del enfrentamiento entre los cardenales Siri y Benelli y, por tanto, como respuesta ante la necesidad de encontrar un nombre que pudiera congregar el consenso y ganarse votos de las dos facciones.

¿Qué es lo que había pasado? ¿Cómo un candidato que a priori contaba con la oposición de los más notables cardenales del ala reformista había conseguido esa corriente de votos de la que nos hablaban quienes decían que había superado la barrera de las cien papeletas? ¿Sería quizá que el Colegio Cardenalicio del que Ratzinger era decano tenía una imagen distinta, diferente de la que se había trasladado a la opinión pública? Hay que mirar atrás, hay que echar la vista a los días de las congregaciones generales, y al papel del cardenal decano en los funerales por Juan Pablo II, a esa homilía interrumpida una docena de veces por los aplausos de la multitud, y a la emoción intensa que se reflejaba en los ojos del otrora frío y metálico Ratzinger. Algo había cambiado, o algo nuevo habían descubierto, algún rasgo escondido que nosotros no tardaríamos en percibir con la misma luz nítida que el resto de cardenales.

Las primeras impresiones después del 19, día de la elección, respaldan esta impresión. Uno de los que habla primero es Ennio Antonelli, cardenal de Florencia, que se presenta en Radio Toscana y dice que el cónclave ha sido una fiesta, un clima de unión, algo que se demuestra en la rapidez de la elección. «Las grandes almas del cónclave —dice Antonelli, uno de los candidatos italianos más citados en los días previos— se han puesto de acuerdo sobre lo esencial». Pio Laghi, que no entró en la elección porque superaba la barrera de los ochenta años impuesta en tiempos de Pablo VI, dice que en el precónclave Ratzinger fue «capaz de gobernar las reuniones de la Congregación General con una extrema gentileza, con garbo, con agilidad, con inteligencia, pero también con firmeza, cuando la firmeza era necesaria». No se trataba de ganar una carrera, porque la misión es de las que pueden asustar al más preparado. Lo decía el cardenal Angelini poco después de la elección: «Él sabe perfectamente que hoy no ha subido a un trono sino a un calvario. Es un hombre lleno de dignidad y de carga sobrenatural. Después de la fumata, créame, está convencido de no haber sido glorificado, sino crucificado.»

Ése era el final. El principio se había comenzado a escribir mucho antes. Quizá aquel Viernes Santo en el que

Ratzinger se encargó, por delegación del papa, de las reflexiones del Vía Crucis. Pero el acto principal fue la convocatoria y el desarrollo de las congregaciones, que comenzaron a reunirse en Roma a partir del lunes 4 de abril. El primer día fueron pocos, apenas sesenta y cinco cardenales, pero en seguida el número creció y comenzaron los debates serios sobre el estado de la Iglesia. Las primeras cuestiones que salen a la discusión pública son asuntos administrativos, aburridos, poco atractivos. Pero el miércoles 6 comienzan a formarse ya los primeros grupos. Las intervenciones ante la Congregación están dominadas por la conmoción de la muerte de Juan Pablo II y su figura gigantesca. Los elogios a la figura del papa muerto se suceden. Pero al lado de la alabanza y el reconocimiento comienzan a perfilarse algunas cuestiones de importancia para el futuro, asuntos que forman parte del legado de Wojtila y que serán la herencia y el activo para quien tome el mando del timón de la barca de Pedro. Ese día hablan cardenales de la talla de Carlo Maria Martini, Walter Kasper, Lehman o Daneels. En sus intervenciones demuestran que la Iglesia no es un bloque monolítico y conformista. De la reunión trasciende sobre todo la intervención de Martini, que propone asumir la necesidad de reformas en el tratamiento de cuestiones como la bioética o la moral sexual, y una mayor descentralización del gobierno de la Iglesia. Las intervenciones son breves, no más de ocho minutos. Como decano del Colegio, Ratzinger gobierna los debates sin faltar a uno solo. No hay campaña política, nadie es oficialmente candidato, no hay otro programa que el Evangelio.

Las reuniones y los debates de la Congregación, en la

que participan todos los cardenales, son una forma de buscar la inspiración para el voto, nada más y nada menos. El viernes 8 de abril, el Colegio Cardenalicio escucha el grito de la multitud en la plaza, el «*santo subito*». El entusiasmo popular gravitará sobre las reuniones como la voz del pueblo de la Iglesia, esa voz que Pablo VI quería que participase de alguna forma en el acto de la elección pontifical. Todos los cardenales están convencidos de que ese pueblo que se ha expresado en los días previos al funeral y en las exequias del pontífice es el gran activo de la Iglesia. Esos días se extiende la idea de que el nuevo papa tendrá que ser santo, carismático, decidido en el gobierno y eficaz con los medios de comunicación. En la plaza se han escuchado las voces de muchos asociados a los nuevos movimientos católicos. Hay quien reparte el Colegio Cardenalicio por zonas de influencia, el Opus Dei con los suyos, los jesuitas con sus soldados de la Compañía, los de Comunión y Liberación con los afines. No hay nada de esto. Al veterano John Allen, multiplicado esos días entre televisiones, radios y prensa, le preguntan en una de esas intervenciones: «¿Quién es el candidato del Opus Dei?», y Allen responde: «Creo que son suficientemente inteligentes como para no tener uno solo, sino unos cuantos candidatos.»

El voto del silencio

El sábado 9 de abril, el decano propone que los trabajos se preserven de la curiosidad de los medios de comunicación. Algunos cardenales se quejan, pero a la hora de votar todos comulgan con Ratzinger. Los cardenales callan. No hablan para las televisiones. El secreto se amplía a las deliberaciones además de a la propia situación del cónclave. Las estrellas mediáticas se eclipsan. En el cónclave hay personas que las televisiones quieren, que los editores miman: tienen proyección, hablan bien, son simpáticos. La pantalla tiene sus propios favoritos. No es que se comporten como *prime donne*, simplemente tienen ese don de «dar bien en televisión».

En los veintiséis años transcurridos desde 1978 los medios de comunicación se han vuelto omnipresentes e instantáneos. Al mismo tiempo, el gigantesco interés mediático suscitado por Juan Pablo II sometía a los cardenales a una tensión informativa jamás vista, que amenazaba con convertir el periodo previo al cónclave en una especie de convención electoral. La obligación de medir las palabras podía ser muy saludable para algunos candidatos que estaban quemando sus posibilidades por acercarse demasiado a los focos. Antes de comenzar este silencio informativo, el cardenal Lehman, arzobispo de Maguncia, señaló que, a día 9 de abril, no hay alianzas firmemente establecidas entre los cardenales electores. Por tanto, dice Lehman, «tendremos que buscar un candidato de consenso a través de los contactos, los debates y las votaciones, aprovechando los días del precónclave para conocernos mejor».

Otro cardenal que figuró en algún momento en la gloria efímera de las quinielas y las apuestas, el patriarca de Lisboa José Policarpo, subrayaba que para el futuro papa sería muy difícil no continuar la obra de su predecesor, pero todavía mas difícil continuarla.

Antes de que entre en vigor la ley del silencio se escuchan algunas opiniones, las últimas. Con un toque de humor, el patriarca de Venecia, Angelo Scola, dice en una homilía que el Espíritu Santo ha preparado ya desde hace tiempo a su candidato, por lo que se puede tranquilizar a la prensa: es cuestión tan sólo de esperar un poco. El cardenal nigeriano Francis Arinze, uno de los candidatos más citados para abrir la época de un papa africano, confiesa que «Occidente no está aún preparado para un papa negro». Aunque no se podía excluir esa posibilidad, estaba en la mentalidad que ése hubiera sido un desafío para la Iglesia y para los medios de comunicación. Trasciende también el punto de vista del cardenal de Nueva York, Edward Egan, que opina que el próximo papa «se equivocará si intenta ser como Juan Pablo II, como Pablo VI o como Juan XXIII. No podrá ser otro que él mismo». Una idea que también mencionó su compatriota James Francis Stafford.

El lunes 11 de abril continúan los debates. El cardenal Martini vuelve a defender en la Congregación que la Iglesia tiene que ser más flexible, que tiene que acercarse a la gente, comprender las necesidades del tiempo y adoptar algunas posiciones más conciliadoras. Martini está, como otros cardenales del ala reformista, a favor de un gobierno más colegiado, menos basado en el principio del absolutismo pontificio, con más poder para las conferencias episcopales. Los grupos en el cónclave van cuajando en torno a dos grandes figuras: la del cardenal decano, Ratzinger, y la de Martini, el eterno candidato a suceder a Wojtila, el hombre que antes de retirarse de la sede de Milán para marcharse a Tierra Santa a seguir sus estudios bíblicos insinúa la necesidad de convocar un tercer concilio vaticano.

Pero nadie sabe qué pasará. Nadie tiene la seguridad de que vayan a reunir el número de votos necesario o, por el contrario, que se vean en la obligación de retirarse para dejar paso a un «desconocido». Martini tiene con él al arzobispo milanés Tettamanzi, al belga Daneels, a los alemanes Kasper y Lehman, quizá a algún cardenal norteamericano, como Macarrick o Mahony. Durante estos días de la Congregación se difunden rumores sobre la salud de los cardenales. La huella de la muerte prematura y fulminante del papa Luciani pesa en el subconsciente del Colegio. Pero ¿de dónde vienen esas voces que dicen saberlo todo sobre el historial de achaques de los cardenales? ¿Son conspiraciones de palacio o rumores de la maledicencia y los venenos a los que tan aficionados son los romanos? Dicen que Angelo Scola, el titular de Venecia, sufre depresiones. Añaden que tal cardenal al que van a elegir por tener una edad que permitiría aventurar un papado breve tiene a su padre vivo con noventa y cinco años. ¡Otro longevo! De Ivan Dias, el arzobispo de Bombay, amigo de Teresa de Calcuta, difunden la idea de que sufre una diabetes atroz que le mina la salud del cuerpo. Él lo niega. Quizá con el mismo sistema que utilizó Juan XXIII para desmentir que sufriera una patología del páncreas: en un almuerzo con los cardenales, Roncalli se lanzó sobre una bandeja de pasteles para demostrar que era capaz de asimilar la glucosa sin problemas. El papa Juan estaba enfermo, pero no de diabetes, sino del cáncer que le llevaría a la tumba en 1963 con el Concilio Vaticano II en marcha, pero entonces Roncalli todavía no lo sabía.

El 14 de abril se sortean las habitaciones en el Domus Sanctae Martae, la Casa de Santa Marta, la residencia que los cardenales sólo van a abandonar para las votaciones en la capilla Sixtina. El reparto no ofrece sorpresas. La casa es tan amplia y cómoda que ofrece todas las facilidades para que se celebren reuniones. Casi todos los apartamentos tienen dos habitaciones, lo que ofrece la oportunidad de visitas nocturnas para hablar de la marcha de la elección. Los purpurados escuchan ese mismo día, jueves, la primera de las dos meditaciones antes de que se cierre el cónclave. El capuchino Raniero Cantalamessa, predicador de la Casa Pontificia, dirige a puerta cerrada una reflexión «acerca de los problemas de la Iglesia y la elección iluminada del nuevo pontífice». Cantalamessa tiene setenta y un años y es considerado unánimemente un predicador eficaz, ameno y profundo, hasta el punto de que incluso ha dirigido algunos programas de televisión sobre temas de espiritualidad. Cuando Juan Pablo II le nombró, en 1979, predicador de la Casa Pontificia, Cantalamessa comentó con humor: «Éste debe de ser el primer error que ha cometido el papa.» En sus reflexiones con motivo del Adviento, de la Cuaresma y del Viernes Santo han sido frecuentes sus críticas al «carrerismo», una tentación que uno puede detectar en todos los sectores de la vida civil, pero también en el eclesiástico.

El texto de la admonición no es divulgado, a diferencia de lo que ocurrió en los cónclaves de 1978. Se quiere mantener la reserva sobre todo lo que se dice en las reuniones de los cardenales durante el periodo de sede vacante. Trasciende que la meditación se centró en el relato de Pentecostés, la venida del Espíritu Santo, narrada en los Hechos de los Apóstoles, momento que se considera el del nacimiento de la Iglesia. El predicador invita a los cardenales a volver la mirada hacia el Pentecostés, para saber lo que es la Iglesia y cuáles son sus necesidades. Los cardenales escuchan la reflexión de Cantalamessa, que les pide que no se dejen llevar por la tentación de convertir Pentecostés en una Babel. El padre Raniero invitó a los cardenales a tener en cuenta la necesidad de unidad en la Iglesia, con la exigencia de diversidad y de pluralidad, no en busca de la modernidad sino en nombre del Evangelio.

La tarde de ese 14 de abril se celebra una misa en San Pedro por el alma del pontífice. Esta vez se celebra por el rito oriental y se utilizan el árabe y el arameo. El celebrante principal fue Pierre Sfeir Nasrrallah, patriarca maronita.

En estos días, la opinión pública se moviliza y reproduce fuera, en los ambientes romanos, los debates que se tienen en el interior de la Congregación. Grupos críticos, como los austriacos Nosotros Somos Iglesia, organizan en Roma un ciclo de conferencias titulado «Esperando el nuevo papa: perspectivas y desafíos de la Iglesia católica». Según Christian Weisner, el presidente de la organización, entre los derechos humanos que todavía esperan ser reconocidos en la Iglesia están la ordenación de las mujeres, el derecho de los sacerdotes a casarse y la mayoría de edad de los laicos en decisiones que se refieren a la reproducción. Menos marcado está el foro organizado por la revista *Inside the Vatican* sobre el cónclave, los temas principales de la Iglesia y los candidatos a la elección, un foro en el que participan, entre otros, el ex primer ministro Andreotti y el periodista John Allen.

El viernes 15 es el turno de otro de los grandes, el cardenal Hummes, que habla de la necesidad de dar respuestas a la emergencia del Tercer Mundo. Fuera ha crecido ya la hipótesis de un candidato sudamericano. La plaza señala al hondureño Maradiaga, al brasileño Hummes, al colombiano Castrillón. Dicen que los sudamericanos se van a unir en un frente para votar a uno de los suyos. Nada más lejos de la realidad. Los criterios geográficos dejaron de contar hace mucho tiempo en el cónclave.

Ese mismo viernes 15, el cardenal camarlengo Eduardo Martínez Somalo, preside la ceremonia de juramento de secreto de quienes van a entrar en el cónclave. Uno a uno fueron pasando ante los Evangelios aquellos que iban a estar en contacto con los electores desde el principio hasta el final del cónclave. En esa ceremonia que clausura el silencio de quienes tendrán acceso a información de lo que pase dentro está el secretario del Colegio Cardenalicio, el maestro de ceremonias, los religiosos de la sacristía pontificia (ofrecen servicio espiritual y confiesan a los cardenales en varias lenguas), los médicos, los enfermeros, el personal del comedor, los encargados de la limpieza, los responsables de los servicios técnicos, los encargados de transportar a los electores desde la Casa de Santa Marta a la Sixtina, los ascensoristas, todo el personal de la residencia y los sacerdotes que ayudan a algunos cardenales electores.

Todos repiten la misma fórmula. «Yo (nombre) prometo o juro observar el secreto absoluto con quien no forme parte del Colegio de los Cardenales electores, y perpetuamente, a menos que no reciba especiales facultades dadas expresamente por el nuevo pontífice elegido o por sus sucesores, acerca de todo lo que ataña directa o indirectamente a las votaciones y a los escrutinios para la elección del sumo pontífice. Prometo y juro que me abstendré de hacer uso de cualquier instrumento de grabación, audición o visión de cuanto, durante el periodo de la elección, se desarrolle dentro del ámbito de la Ciudad del Vaticano y particularmente de lo que directa o indirectamente de algún modo tenga que ver con las operaciones relacionadas con la elección misma. Declaro emitir este juramento consciente de que una infracción del mismo comportaría para mí aquellas penas espirituales y canónicas que el futuro sumo pontífice determine adoptar.»

El sábado 16, la Congregación escuchará, entre otras, las intervenciones notables del cardenal argentino Bergoglio y la del austriaco Cristoph Schönborn, uno de los hombres más influyentes en ese cónclave que estaba a punto de comenzar. El austriaco será uno de los «grandes electores» del que en otro tiempo había sido su profesor de teología dogmática. El argentino Bergoglio, en un arranque de genio hispano, cansado de figurar en las quinielas de los medios, ha enviado a su secretario a hablar con los periodistas para decirles que no, que no es candidato a nada, y que dejen de hablar de él. Otro gesto inusual. Tras los debates de las congregaciones los votos se habían ido moviendo, buscando el peso del número y la seguridad del compromiso.

En los días previos al cónclave se perfilan dos candidaturas. La primera se agrupa en torno a Ratzinger. El miércoles 13 de abril, la prensa italiana revela que el partido de los conservadores, liderado por el prefecto de la Congregación para la Doctrina de la Fe, tiene asegurados unos cuarenta votos. Otros elevan su peso hasta los cincuenta. Algunos periódicos interpretan que la elección del alemán garantiza la continuidad de la era Wojtila, de la que Ratzinger fue el principal ideólogo, el hombre fuerte del pontificado, además del amigo personal de Karol Wojtila. Ratzinger tenía en el cónclave un grupo notable de «enemigos» poderosos. Los primeros, los cardenales alemanes Lehman y Kasper. Ratzinger les había llamado al orden y la disciplina cuando expresaron su actitud a favor de la comunión de los divorciados que habían vuelto a contraer matrimonio. La «disidencia» de Lehman, presidente de la Conferencia Episcopal alemana, se tradujo en un castigo que le cerró la gloria del cardenalato hasta última hora.

Ratzinger entró en el cónclave con setenta y ocho años recién cumplidos. Era su tercera elección. En agosto de 1978 jugó un papel decisivo como impulsor del patriarca de Venecia, Albino Luciani, que llegaría a convertirse en papa después de dos días de cónclave gracias a los buenos oficios del teólogo de Tubinga. Mes y medio después de aquella elección, volvería a entrar en la Sixtina. El clima de división entre los cardenales italianos, y la profunda crisis política italiana, salpicada por escándalos que afectaban a la Iglesia católica (Logia Propaganda 2), permitió de nuevo que se abriera paso una tercera opción, un tercer camino que llevaba hasta Polonia, a la archidiócesis de Cracovia. De nuevo en esta ocasión, Ratzinger jugaría un importante papel como garante de los votos de los cardenales alemanes, que sumarían sus fuerzas a las del arzobispo Koenig, el cardenal Kroll, Tarancón y Lorscheider.

La mecánica del cónclave es compleja. Los movimientos son sutiles y se realizan con paso delicado para no quemar antes de tiempo a los verdaderos candidatos. Los que sobresalen en los días previos corren el riesgo de despertar recelos, adhesiones apasionadas, pero también rechazos inamovibles. Son los propios cardenales quienes eligen a uno de ellos. De ahí que las alianzas en torno a las figuras más visibles escondan a veces la voluntad de ofrecer en el cónclave candidaturas alternativas que abran la posibilidad del consenso. La exigencia de los dos tercios implica la necesidad de un diálogo permanente para buscar el máximo común denominador. Por eso es más fácil que salga elegido alguien que no tenga enemigos que un cardenal que concite la adhesión fuerte de un grupo incapaz de alcanzar los votos necesarios. Y Ratzinger tenía enemigos. Sus discípulos aguardaban en posiciones discretas, sin conceder entrevistas, sin hablar para la televisión ya antes de que el maestro impusiera la orden del silencio absoluto.

Entre sus apoyos directos figuraban hombres de talla notable dentro del Colegio, que podrían haber sido por sí mismos perfectos candidatos, como el cardenal Cristoph Schönborn, Marc Oullet, Angelo Scola (el patriarca de Venecia) o el cardenal francés, arzobispo de Lyon, Philippe Xavier Barbarin. La vieja teoría de los cónclaves decía que la solución a los debates nominalistas pasaba por un punto de encuentro, por un centro geográfico situado en la equidistancia del círculo que iban a formar Ratzinger, Martini y Tettamanzi. En ese punto nodal, en ese cruce de todos los caminos, se debía encontrar una figura de una honda espiritualidad, un hombre capaz de meterse en Dios, un pastor acostumbrado al trabajo en las parroquias, con el pueblo de la Iglesia, un hombre con don de lenguas y de gentes, sensible al diálogo con las otras religiones, consciente de los grandes problemas de los que no han sido invitados a la fiesta de la abundancia de los países ricos, un cardenal capaz de hablar a los jóvenes con decisión, con un lenguaje directo, valiente, sin complejos.

El pulso se librará entre los partidarios de la reforma, inclinados a aligerar la burocracia vaticana, dispuestos a revisar elementos de doctrina en asuntos como la moral sexual o la bioética, y los que el vaticanista John Allen ha llamado los miembros de «la patrulla de la frontera», guardianes de la ortodoxia, partidarios de una Iglesia firme y sólida aun a riesgo de convertirse en una Iglesia minoritaria. Pero algo pasó en los días previos al cónclave y en la clausura de las sesiones del voto que hizo que Ratzinger rozara la unanimidad.

El sábado 16 de octubre la Congregación cerró sus trabajos sin haberse puesto de acuerdo sobre las prioridades de un programa complejo con el que la Iglesia debía asumir en el nuevo mandato los grandes asuntos heredados del tiempo de Juan Pablo II y los nuevos retos del siglo en ciernes. El cónclave se iniciaría en un clima de incertidumbre. El azar hizo que horas antes de comenzar las votaciones las librerías romanas colgaran en sus escaparates la última obra del teólogo Ratzinger, titulada *Valores en tiempo de agitación*. En ese libro, último de la extensa producción intelectual del prefecto, invita a los europeos «a aceptarse a sí mismos, con un punto de vista crítico pero a la vez sin complejos». En esa obra, el cardenal llama a los cristianos a convertirse en una «minoría creativa de valores». «Los cristianos —dice— deberían contribuir a que Europa recuperase lo mejor de su herencia común para servir con ella al resto de la Humanidad», y advierte que «si la cultura europea quiere sobrevivir, debe rebuscar en lo mejor de su alma y de sus raíces». Ratzinger alerta a Europa sobre un multiculturalismo superficial que interpreta como un intento de renuncia y de huida de uno mismo y de su identidad, y lamenta que la integración europea se haya convertido en un proyecto meramente económico que excluye el espíritu de la sociedad que la forma. En línea siempre con las posiciones sostenidas por el pontificado en el que ha servido como inspirador de algunos de los textos doctrinales más notables, el cardenal critica las tendencias de equiparación forzada de los modelos familiares (en relación con el matrimonio de los homosexuales) y el deterioro de la dignidad humana a través de la cultura de la manipulación genética.

El domingo 17 de abril de 2005 los cardenales durmieron en la Casa de Santa Marta, una residencia construida bajo el pontificado de Juan Pablo II para evitar la tortura del cónclave de agosto de 1978. Se trata de una residencia con habitaciones cómodas, de paredes blancas y decoración austera, en la que no hay radios ni televisiones. Tiene cinco plantas en las que se distribuyen las habitaciones de los cardenales, atribuidas como siempre por riguroso sorteo. Las obras de arte colgadas en los muros están inspiradas en escenas de la Biblia. Tienen una cama, una mesa y un baño. En la planta baja hay varios salones para uso común, el gran salón comedor con mesas para siete comensales cada una y una capilla.

Es más que probable que a la hora de hacer las reformas el papa tuviera muy presente el recuerdo del cónclave de agosto de 1978. Aquel año, los cardenales lo pasaron mal y sufrieron más de lo necesario para elegir sucesor, y no sólo por las rivalidades entre grupos, porque Luciani fue el producto de un pacto previo a la clausura, un acuerdo establecido de antemano para enfrentar una candidatura moderada a la del grupo conservador liderado por Siri, cardenal de Génova. Aquella clausura de agosto fue asfixiante. Las celdas estaban amuebladas con austeridad, con unas literas de tipo militar, una mesita de noche y un pequeño escritorio. Se trataba de unas condiciones más propias de un campamento militar que de un retiro espiritual. Las puertas estaban cerradas desde fuera y las ventanas tapadas con una mano de pintura. Y el calor, en el temido ferragosto romano, era insoportable.

El cardenal Suenens recordaría después que «la habitación era una especie de sauna. Es difícil imaginar lo que significa dormir en un horno. Sólo había una ventana, pero estaba sellada». Suenens cuenta que al día siguiente consiguió hacer saltar los sellos con la fuerza de las manos. «¡Qué regalo divino el oxígeno y un poco de aire fresco! En aquel lugar corrimos el riesgo de caer enfermos.» No era una impresión sólo de Suenens, porque Silvio Oddi cuenta algo muy parecido: «Nos moríamos de calor, la asfixia nos ahogaba y me di cuenta de que algunos cardenales estaban a punto del colapso. Entonces me rebelé y, con la autoridad de ser un miembro del comité de vigilancia, dije: "Os ordeno abrir las ventanas." Algunos contestaron: "Eminencia, no está permitido abrir ninguna ventana. Desde la Secretaría de Estado podrían escuchar los aplausos en caso de elección." Respondí que me daba igual y que se abrieran las ventanas. El color volvió al rostro de los moribundos. Los cardenales que estaban allí eran todos mayores, muchos tenían problemas de próstata, estaban cansados y tenían que compartir un baño cada diez habitaciones. Yo dormía cerca del aseo y veía a los pobres ancianos, de noche, recorrer sesenta metros de pasillo para llegar hasta la puerta y encontrarla cerrada porque estaba ocupada. Una pena, era una humillación. Los cardenales tenían incluso que hacerse la cama.»

Juan Pablo II recordaría también las protestas del cardenal Hume en el segundo de los cónclaves de aquel agitado año de 1978. Hume le dijo al camarlengo que la austeridad y la humildad eran dos virtudes imprescindibles pero no obligaban a pasar una noche en vela por tener una cama demasiado estrecha, demasiado pequeña y demasiado incómoda. Se imponía una reforma, aun a riesgo de romper con la clausura y forzar un traslado diario de los cardenales hasta la capilla Sixtina.

CAPÍTULO 4

Se cierra el cónclave

> La mera repetición de las cosas más me hace verlas misteriosas que racionales. El materialismo que domina la mente moderna se funda, en resumidas cuentas, sobre una hipótesis que a la postre resulta falsa. Se supone generalmente que todo lo que se repite está muerto.
>
> GILBERT K. CHESTERTON
> *Sobre las hadas*

El lunes 18 de abril, a las 17.30, el maestro de ceremonias se acercó a la puerta y pronunció, en voz baja, el «*Extra omnes*» («Todos fuera»). Poco antes, los cardenales se habían dirigido a la Sixtina en procesión, flanqueados por la guardia suiza. Entraron en la capilla y ocuparon los puestos asignados a cada uno de ellos, con su escritorio cubierto por un paño de color arena, un servicio de escritura de color rojo y un libro con las reglas que gobiernan el cónclave, la reforma aprobada por Wojtila en 1996 llamada *Universi Dominici Gregis*. El coro cantaba el *Veni creator spiritus*. Poco después, el decano del Colegio, el cardenal Ratzinger, leyó la fórmula del juramento sobre el mantenimiento del secreto y el compromiso del próximo pontífice de defender el ministerio de Pedro y los derechos y la libertad de la Iglesia.

Uno por uno, los cardenales se acercaron hasta el centro de la capilla, donde estaban expuestos los Evangelios, para hacer el juramento con la mano derecha sobre las Escrituras, y para pedir ayuda a Dios en la decisión que iban a tomar. Con la puerta cerrada, los cardenales escucharon la última de las meditaciones, pronunciada por el cardenal Spidlik, un anciano checo de más de ochenta años y que por tanto abandonaría el recinto de la capilla antes de que comenzaran las votaciones.

Pero la de Spidlik no sería la reflexión más importante de la jornada. Por la mañana habíamos asistido a la misa *Pro eligendo Pontifice*. Por primera vez en la historia, esa ceremonia se abría al público y a las televisiones. Todos los cardenales escuchan la homilía del decano Ratzinger. Sus palabras resuenan en la basílica. Carlo Maria Martini atiende a cada frase, apoyando sus setenta y ocho años en un bastón. Y Ratzinger hace el discurso menos político que se pueda esperar en alguien que a esa hora es el candidato más firme para la sucesión. La opinión en la curia es casi unánime: si hubiera buscado el voto de los electores, sus palabras habrían sido más suaves. «Se está construyendo una dictadura del relativismo que no reconoce nada como definitivo y deja como única medida al propio yo y a la voluntad individual.» Su intervención deja un tanto inquietos a sus más firmes partidarios, al cardenal López Trujillo, que actúa como su embajador entre los hispanos, a su alumno, el vienés Schönborn, al cardenal Tarsicio Bertone, titular de Génova. El único que sonríe satisfecho es el italiano Giacomo Biffi, que fuera arzobispo de Bolonia, uno de los más conservadores del Colegio, criticado tantas veces por sus posiciones doctrinales firmes. Biffi no tenía que decir a nadie a quién iba a votar, no era ninguna incógnita.

«Tener una fe clara basada en el Evangelio —continúa Ratzinger— es a menudo etiquetado como fundamentalismo. Nosotros tenemos otra medida, el Hijo de Dios, el verdadero hombre.» No era la homilía de un candidato a la elección, no era un discurso político. Un vaticanista de la RAI, después de escuchar las palabras de Ratzinger en la basílica, interpretó su intervención como una retirada, un abandono, un testamento dejado en manos de los cardenales. Pensaba que aquella denuncia de la «dictadura del relativismo», aquella oposición firme a la modernidad, le invalidaban como candidato. No está en la tradición de los cónclaves elegir a un cardenal que se manifiesta de una forma tan clara, sino más bien todo lo contrario. Y sin embargo Ratzinger fue el elegido en un tiempo récord. ¿Qué ocurrió? ¿Cómo fue posible?

Avalancha de votos

Los días transcurridos entre la muerte de Juan Pablo II y la elección de Benedicto XVI son las jornadas en las que el Colegio descubre la verdadera personalidad del cardenal alemán. Uno de los más ancianos, el cardenal Ersilio Tonini, privado por su edad de la condición de electoral, confesará a la RAI en el programa «Porta a porta» su sorpresa por la capacidad de Ratzinger de «dirigir los debates, su inteligencia, su ironía y su sentido del humor. Yo descubrí un nuevo Ratzinger que para mí hasta ese momento estaba oculto».

En muy poco tiempo, la personalidad del teólogo, su capacidad intelectual y de trabajo eclipsan al camarlengo Eduardo Martínez Somalo, hasta hacerlo desaparecer de la escena. Las funciones del camarlengo no le dan un perfil público, no tiene previstas actuaciones que tengan reflejo en los medios. Se encarga de la administración diaria de la Santa Sede, de sellar los aposentos papales, de organizar los funerales, de tomar juramento a quienes van a participar de la intimidad de la votación. El decano, sin embargo, preside las reuniones de la Congregación, ordena los debates, y es la figura central de los funerales y de la misa para la elección del papa. No es que Ratzinger buscara esa posición visible. Se derivaba de su condición de decano.

La experiencia de la sede vacante refleja una cierta sabiduría y la utilidad de los equilibrios del poder durante el interregno. Desde la muerte del papa es el camarlengo el que puede gobernar la Iglesia, pero la duración del precónclave, esos quince días mínimos que se mantienen como tiempo para debatir y discutir, sirven de plataforma para los dominios del decano del Colegio. Quienquiera que ostente ese cargo tiene la privilegiada oportunidad de diseñar la agenda y de presentarse a sí mismo a sus hermanos cardenales. En un cónclave en el que participan ciento quince cardenales y en el que sólo hay dos (Baum y Ratzinger) que tengan experiencia en este tipo de situación, esa posición se convierte en un punto de referencia capital.

Meses antes de la muerte del papa Juan Pablo II, el prefecto de la Doctrina de la Fe no figuraba en las quinielas. Se le situaba como uno de los «grandes electores», como lo había sido en los cónclaves de 1978. Sus posiciones conservadoras, su finura intelectual y su prestigio dentro y fuera de la curia le hacían acreedor de un papel decisivo a la hora de designar candidatos y trabajar por sus votos. Tan sólo el veterano Marco Politi intuyó durante una entrevista en noviembre de 2004 que Ratzinger era, como tituló aquel trabajo, «Un candidato secreto».

El caso es que el prefecto tuvo un fuerte apoyo desde el primer momento, desde la primera votación en la tarde del lunes 18. En los primeros recuentos, algunas fuentes señalan que llegó a recabar sesenta votos, lo que sería un resultado formidable. Pero más reveladora de lo que vendría después sería la circunstancia de que ese voto no declinó en las votaciones posteriores. En las primeras votaciones, la de la tarde del lunes y la primera de la mañana del martes se dice que hubo un empate a votos. Es más, se precisa que el candidato alternativo a Ratzinger era Carlo Maria Martini, y que en el primer escrutinio su número de votos llegó a sobrepasar en dos a las papeletas conseguidas por Ratzinger. En la tercera votación, las opciones de Martini bajaron y subieron las del alemán. Ese movimiento en la tercera ronda fue decisivo. La ausencia de un candidato reformista con fuerza suficiente provocó algo que se da en los cónclaves: una corriente de votos imparable, una verdadera marea de atracción por la opción ganadora; un mensaje de rápida unidad *urbi et orbi.*

El martes por la tarde, la fuerza de su grupo sobrepasó todas las previsiones y fue elegido con un escrutinio que algunos acercan a la unanimidad. Fuentes de gran solvencia, sin embargo, afirman que en el cuarto escrutinio Ratzinger consiguió 95 votos, cuatro menos de los que en su momento obtuvo Wojtila. Como señalan algunos cardenales, «no se consigue un papa en la cuarta votación más que cuando el consenso es muy fuerte y aparece desde muy temprano».

Fuentes del Colegio Cardenalicio han señalado que uno de los factores principales de la candidatura de Ratzinger fue el cardenal de Viena Schönborn, alumno de Ratzinger y miembro de la orden de los dominicos, un hombre inteligente, sagaz, amable, de modales aristocráticos, y de una gran cultura y sólida formación teológica. Schönborn fue editor de una de las obras más importantes de Ratzinger como prefecto: *El catecismo de la Iglesia católica.* Joseph Ratzinger partió por tanto con un fuerte apoyo, basado en su carisma personal. Tras él estaban los votos de Angelo Scola, de Giacomo Biffi, de López Trujillo, de Castrillón Hoyos, del francés Philippe Barbarin o del arzobispo de Génova Tarsicio Bertone, uno de sus colaboradores en los trabajos de la prefectura. En las votaciones posteriores tendría que ganarse a los indecisos y a los partidarios de la reforma, preocupados por su reputación de hombre conservador y administrador inflexible con fama de autoritario.

Su forma de trabajar durante las dos semanas del precónclave fue aquí fundamental. Los cardenales que no le conocían descubrieron la personalidad que nos han revelado quienes han pasado años cerca de Ratzinger atendiendo los asuntos diarios, delicados, muchos graves, de la doctrina: un hombre de inteligencia fina, al que le gusta trabajar en equipo, animar debates y escuchar opiniones, amable y delicado, ingenuo como un niño. Ratzinger no hizo campaña por la elección. Es posible que desde los esquemas de la política civil a los que estamos acostumbrados nos cueste creerlo. El sábado anterior a la clausura del cónclave había cumplido setenta y ocho años. Un ictus sufrido hace unos años había sido el primer aviso de una salud frágil que preocupaba a su hermano Georg hasta el punto de recomendarle que no recayese sobre sus hombros el peso del pontificado. Por tres veces en los últimos años había pedido al papa Juan Pablo II permiso para retirarse a Regensburg y dedicarse al estudio y a la vida universitaria. Otros, como Martini, consiguieron ese retiro. A Ratzinger le fue negado por tres veces.

Puede decirse incluso que si pretendía el cargo hizo todo lo posible por no obtenerlo. Como señala John Allen, «habría hecho una campaña terrible». Con sus homilías e intervenciones, sobre todo en la misa *pro eligendo pontifice*, se atraía con más fuerza a quienes estaban a favor de sus posiciones, pero se alejaba de los reformistas, de los votantes de la zona central del cónclave, imprescindibles para ganar y, sobre todo, se apartaba de los indecisos, a los que quizá alarmaban sus posturas contrarias a la modernidad. Cualquiera que fuera la oposición, no consiguió organizarse y abandonó con rapidez cuando se vio que el ascenso de Ratzinger era imparable.

Más allá de su capacidad de seducción, es también legítimo preguntarse en términos de política vaticana qué es, cuáles fueron los rasgos que vieron los cardenales y que pesaron tanto a la hora de la elección como hacer papa al prefecto de la Doctrina de la Fe. Muchos cardenales están convencidos de que es el hombre adecuado para la misión de devolver el Evangelio a una Europa que ha renunciado a su identidad católica. El cardenal George recuerda la situación del cónclave que eligió a Wojtila: «En 1978, cuando Wojtila fue elegido su primer desafío fue la Iglesia que venía del Este en forma de comunismo soviético. Ahora, el desafío está en Occidente y Benedicto XVI es un hombre de Occidente, que entiende la historia y la cultura de Occidente.» Es decir, un hombre que es capaz de dialogar con las corrientes culturales de su tiempo, seguro de que el diálogo sólo se emprende desde la identidad. «Había una línea defectuosa en el imperio soviético que hizo que se viniera abajo: el compromiso por la justicia social estaba corrompido por la falta de libertad —señala George—. En Occidente hoy se toma una dirección equivocada entre la preocupación por la libertad personal y el abandono objetivo de la verdad.»

Joseph Bottum se preguntaba a finales de abril en *The Weekly Standard* de Washington si éste será el último papa europeo, quizá la última apuesta de la Iglesia católica para frenar la profunda crisis espiritual de Occidente, de esta Europa que se permite rechazar a un político como Rocco Buttiglione argumentando que sus creencias católicas son incompatibles con el cargo de comisario de la Unión, o que borra del preámbulo de su Constitución cualquier alusión a sus raíces cristianas.

Unos días antes de la elección algunos «expertos» en política vaticana escribían en los diarios perfiles de Ratzinger en los que aseguraban que un encargado de lo que en otro tiempo fuera el Santo Oficio no podría ser nunca papa. Su preparación intelectual tuvo un peso notable. Ratzinger es el experto teólogo de su generación en la Iglesia católica. Incluso sus enemigos y detractores alaban sin ambages su capacidad intelectual, la finura de sus análisis, su conocimiento de las corrientes culturales de la modernidad y su capacidad de debatir con los filósofos y pensadores de su tiempo. Vean si no el célebre diálogo con Jürgen Habermas o el que mantuvo en Italia con Ernesto Galli della Loggia. Su obra *Introducción a la cristiandad*, escrita en 1968, está considerada su obra maestra y supone una presentación contemporánea de la fe cristiana.

Hay otro punto a su favor, sobre el que volveremos en la biografía del cardenal. Ratzinger pertenece a la curia, pero es como si estuviera fuera de ese mundo. Llegó a Roma como cardenal, llamado por el papa Wojtila para encargarse de la doctrina de la fe. Ha pasado veinticuatro años en la ciudad pero nunca se ha mezclado con el mundo de alianzas y conexiones políticas curiales. Los que conocen el mundo vaticano nos dicen que su Congregación es la que mejor funciona, la más eficaz. Sus colaboradores se sienten siempre bien tratados. Un experto teólogo que ha trabajado a veces en informes para la Congregación nos lo contaba así: «Incluso te pagan y son los únicos. Vamos a ver, no se trata de que uno viva de esto, pero cuando haces un informe que te lleva tiempo y dedicación y te envían un cheque por sesenta euros como pago por tus servicios sientes que te valoran, aunque sea un salario simbólico. Y eso sólo lo hacen en la Congregación de la Doctrina.» Ratzinger conoce la curia lo suficiente como para tenerla controlada, pero también para emprender reformas internas sin que el aparato se apodere de sus decisiones. Durante el papado de Juan Pablo II la burocracia vaticana era vista como una instancia de poder con demasiada libertad y poco controlada por el pontífice.

El perfil espiritual de Ratzinger está probado en unos cuantos libros importantes que tratan de asuntos que siempre le han interesado, como la liturgia. Sus diálogos con algunos periodistas han dado lugar a textos que han despertado polémica, pero también un gran interés. Otro de sus rasgos es ese lado personal, esa faceta poco conocida de hombre amable, tímido e incluso gracioso, que ha llevado a algún cardenal a decir de él que es un «maravilloso ser humano». El cardenal George le llama «un humilde genio».

Ratzinger es un raro espécimen en el Vaticano. Una celebridad entre hombres que habitualmente se mueven en las sombras. Él está en la luz pública y nunca rechaza una oportunidad para hablar ante los medios. Los periodistas que siguen la información del Vaticano subrayan que Ratzinger nunca evita una pregunta, nunca responde con esas evasivas tan molestas que son propias de otros cardenales. En el español nuestro de cada día diríamos que «entra a todos los trapos». Es probablemente el único de la curia romana al que casi todos los católicos pueden identificar, y un hombre sobre el que muchos tienen una opinión contundente.

Terminada la elección, nos quedan todavía muchas preguntas para intuir como será el pontificado de este papa que no tendrá tanto tiempo como Wojtila para desarrollar su misión. El 16 de abril, dos días antes del cierre del cónclave que eligió al cardenal Ratzinger, el cardenal

George tiene un conversación con el decano, recogida por el vaticanista John Allen en sus artículos para la *National Catholic Review*. Francis Eugene George intercambia algunas informaciones sobre la situación del problema de los abusos sexuales en algunas diócesis de Estados Unidos, y descubre que Ratzinger tiene un conocimiento exhaustivo del problema, a pesar de que no era un tema del que se tuviera que ocupar su prefectura. Dos días más tarde, cuando es elegido papa, y en el momento en el que el cardenal norteamericano se acerca a jurarle obediencia, Ratzinger le dirá en inglés que recuerda perfectamente la conversación que han mantenido hacía cuarenta y ocho horas y que él se ocuparía. La anécdota es reveladora de un estilo distinto.

La elección de Ratzinger es un signo de continuidad, pero no de continuismo. El papado de Wojtila ha sido una misión volcada hacia fuera. El teólogo alemán tiene otra forma de ser y otra forma de actuar. Se dice que de los diez dedos de las manos, Wojtila dedicó nueve a la misión pastoral y el décimo al gobierno. La anécdota que acabamos de referir ilustra quizá que este papado estará muy interesado en el gobierno interno y en la reforma de la curia, acusada muchas veces de lentitud, de ineficacia, y de una visión miope y en exceso burocratizada de los problemas de la Iglesia. Juan Pablo II descuidó esa parcela del primado. Es posible que ante un problema como el que le planteó George a Ratzinger su actitud hubiera sido la de pasar el asunto a sus colaboradores. Los cardenales que le han votado han visto en Benedicto XVI a un hombre con la formación necesaria para tomar las riendas, para adoptar decisiones duras y valientes, para no eludir los problemas y para dictar orientaciones con la hondura necesaria.

John Allen, que ha sido uno de sus biógrafos, dice de Benedicto XVI que «es un hombre con una aguda visión de las realidades a las que debe enfrentarse la Iglesia católica, especialmente en el Este, y tiene además un gran coraje para proclamar los remedios que sobrevuelan en la superficie de mucha sabiduría convencional. Un héroe para algunos y un villano para otros, el hombre que ostentará el 265 papado en la historia de la Iglesia católica es probable que sorprenda y enfurezca, que inspire y provoque a sectores de opinión tanto en el seno de la Iglesia como del mundo entero».

CAPÍTULO 5

Joseph Ratzinger: una vida dedicada a la teología

Los primeros años

«Nací el 16 de abril de 1927, Sábado Santo, en Marktl, junto al río Inn. El día de mi nacimiento era el último de la Semana Santa y la vigilia de la Pascua. Aquel día había mucha nieve y hacía mucho frío.» Éste el comienzo del relato autobiográfico de Joseph Ratzinger, los recuerdos prestados de sus padres sobre su primer día en este mundo. Dos días antes de entrar en el cónclave se cumplió el 78 aniversario de aquel sábado frío y nevado. Ratzinger nació en una familia bávara, en un ambiente de un profundo catolicismo, y vio la luz en una casa de tres plantas, de estilo bávaro, que hoy los vecinos de Marktl quieren convertir en un museo dedicado al papa Benedicto XVI.

Su padre era policía rural y su oficio los obligó a trasladarse varias veces de domicilio. Cuando Joseph tiene apenas un año la familia hace las maletas y se van a vivir a Tittmoning, una ciudad junto al río Salzach cuyo puente sirve de frontera con Austria. Aquí, los primeros recuerdos son instantáneas que Ratzinger traslada con una visión nítida a sus memorias: «Veo todavía la plaza de la ciudad en su magnífica grandeza, con sus nobles fuentes, flanqueada por las puertas de Laufen y de Burghausen y totalmente rodeada por antiguas y soberbias casas de los burgueses: una plaza que haría los honores a cualquier ciudad. Sobre todo han quedado grabados en mi memoria (como una maravillosa promesa) los escaparates iluminados de las tiendas durante las Navidades.» La vida de Ratzinger, el depósito de su memoria, está formado por imágenes muy vívidas, por recuerdos muy precisos de la luz y del ambiente en el que se desarrollan algunos de los grandes acontecimientos de su biografía.

Sus primeros años de vida, relatados en su autobiografía, están marcados por el lejano temor de los acontecimientos políticos de la época y la apacible tranquilidad de una familia estable y una madre afectuosa. «Sentíamos que nuestro sereno mundo infantil no estaba precisamente encajonado en un paraíso. Tras las bellas fachadas se escondía una silenciosa pobreza. La crisis económica había golpeado muy seriamente nuestro pequeño pueblo en la frontera, olvidado del progreso. El clima político se hacía cada vez más incandescente.» Su padre era un hombre muy católico al que le repugnaba el régimen nazi, un hombre severo que contemplaba con admiración a Francia, un bávaro que prefería el espíritu de la pequeña patria y su tradición católica a la frialdad prusiana y a la satánica hambre de poder del partido hitleriano. Poco a poco van penetrando en la vida y en los recuerdos del pequeño Ratzinger los truenos de la tormenta que se avecina en Europa: «El partido nazi —recuerda— jugaba un papel cada vez más determinante, presentándose como la única alternativa clara frente al caos reinante. En las reuniones públicas, mi padre debía intervenir contra la violencia de los nazis más de lo deseable. Nos dábamos cuenta de su gran preocupación, que no era capaz de quitarse de encima ni siquiera durante los pequeños sucesos de cada día.»

En 1932, los Ratzinger se trasladan a Aschau, siempre a orillas del río Inn. El padre decide cambiar de ambiente, temeroso de que su actitud contra el nazismo le traiga problemas, y se marchan a un nuevo hogar, en un pueblo campesino formado por grandes granjas, un lugar del que el pequeño Joseph recuerda que tenía una gran fábrica de cerveza en el centro de la ciudad, punto de encuentro de los hombres de la villa todos los domingos. Los acontecimientos se encadenan, entre recuerdos iluminados y algunas zonas de sombra. Ratzinger no recuerda el 30 de enero de 1933, la jornada en la que Hitler llegó a la cancillería del Reich gracias a Hindenburg. En las primeras páginas de *Mi vida* relata los recuerdos de sus hermanos y el sufrimiento de su padre «por estar al servicio de un poder estatal a cuyos representantes consideraba unos criminales, si bien, gracias a Dios, en aquel tiempo su trabajo en el pueblo apenas se vio afectado. En los cuatro años que pasamos en Aschau, por lo que puedo recordar, el nuevo régimen tan sólo se dedicó a espiar y a tener bajo control a los sacerdotes que tenían una conducta hostil al Reich. Se comprende fácilmente que mi padre no sólo no colaborara con éste sino que (por el contrario) protegió y ayudó a los sacerdotes que sabía que corrían peligro».

El joven Joseph recuerda la hostilidad del régimen y de sus gobernantes hacia la escuela confesional, las presiones contra los profesores, que provocaron algunas cartas pastorales de los obispos, leídas los domingos en las iglesias. En sus memorias anota la actitud de algunos de sus maestros que evitan en las canciones de moda las alusiones ofensivas para los judíos. En ese ambiente, Joseph descubre el valor estético y espiritual de la liturgia, algo que le acompañará durante toda su vida, y los primeros atisbos de una vocación religiosa. Su hermano se hizo monaguillo, y él seguirá después sus pasos. El despertar de la vocación hacia el sacerdocio no será un relámpago fulminante sino más bien una verdad interior que crece despacio.

En la escuela se ponen de manifiesto los rasgos de su personalidad y sus capacidades intelectuales. Su hermano Georg recuerda que en ese tiempo comenzó a mostrar por primera vez sus dotes. «Sus compañeros de escuela se sorprendían de la rapidez de su aprendizaje, de la precisión de su memoria y de una capacidad de expresión fuera de lo común.» En *La sal de la tierra*, el ya cardenal escribe: «desde el principio me interesaba todo lo relacionado con la religión desde el punto de vista racional. Pienso que iba profundizando poco a poco, por mi cuenta. En aquellos años de nacionalsocialismo había muchas polémicas, y resultaba particularmente necesario tener bien preparadas las respuestas que se debían dar, pues por aquel entonces te señalaban en público: "ése es católico; va mucho a la iglesia"; o incluso "ése quiere hacerse cura". Las broncas callejeras eran muy frecuentes; había que ir bien pertrechados contra los posibles ataques.» Ese pertrecho eran las armas intelectuales. Los Ratzinger vivirán en Aschau hasta el año 1937. Antes de buscar un nuevo hogar descubrirán el crecimiento vertiginoso en los bosques cercanos al pueblo de una fábrica de munición. «Empezaba a verse —escribe— de una forma clara y terrible lo que nos esperaba.»

El siguiente destino será en Traunstein, una vieja casa de campo a la que Joseph llegó poco después de cumplir los diez años. El joven anota sus vivencias de esta mudanza con la alegría infantil de quien descubre una nueva casa, de estilo alpino, amplia, llena de graneros y pajares donde poder dar rienda suelta a la imaginación libérrima de los niños en sus juegos con sus hermanos. La casa estaba rodeada de un terreno para el huerto donde crecían también árboles frutales. Joseph Ratzinger comienza en esta etapa su educación humanística. Para ir a la escuela tiene que caminar media hora. Es el momento de descubrir el latín: «Era la asignatura básica de toda la enseñanza escolar y se estudiaba con gran severidad y rigor, cosa que he agradecido durante toda mi vida.» El regreso a casa eran treinta minutos que aprovechaba para repetir y memorizar lo que había aprendido en las aulas. Para Ratzinger, el conocimiento exhaustivo de la antigüedad griega y latina fue una coraza firme y segura para oponerse a la seducción ejercida por la ideología totalitaria de los nazis. Sus notas académicas son sobresalientes en griego y en latín, pero un desastre en dibujo y en gimnasia. Sus compañeros de clase todavía recuerdan hoy que «era el mejor» salvo en esas dos asignaturas, y uno de los pocos que nunca iba descalzo.

Éstos son también los años en los que descubre el universo infinito de la música. Mozart será desde entonces su gran pasión, por el poder que tiene su música de conmoverle y también por la capacidad que tiene de sumergirle en el drama de la existencia humana. El Anschluss, la anexión de Austria al Tercer Reich en marzo de 1938, tiene consecuencias positivas para los Ratzinger: les permitirá cruzar la frontera sin controles y viajar hasta la ciudad de Salzburgo, donde, empujado por su hermano Georg, Joseph descubre los grandes conciertos. «Así pudimos escuchar por ejemplo la Novena sinfonía de Beethoven, dirigida por Knappersbusch, la Misa en do menor de Mozart, un concierto de los Niños Cantores de la catedral de Ratisbona y otros muchos inolvidables conciertos. [...] Allí fue donde Mozart entró en la hondura de mi alma. Su música (tan brillante y al mismo tiempo tan intensa) todavía me sigue haciendo vibrar de emoción. No es un simple divertimento; la música de Mozart encierra todo el drama de ser hombre.» La música y la poesía serán dos elementos de sensibilidad que le acompañarán el resto de su vida. En los años de su juventud aprenderá a tocar el piano. Hoy, cuando tiene tiempo o quiere descansar de sus actividades, se pone ante el teclado para interpretar a Beethoven o a Mozart.

En la Pascua de 1939, Joseph Ratzinger entra en el seminario, decisión que su familia acepta a pesar de que para su padre, ya jubilado de su trabajo como gendarme, supone un oneroso sacrificio. Entrar en el régimen de vida de un internado tampoco agrada a Joseph. En sus memorias reconoce que le costaba concentrarse en el estudio en una sala ocupada por otros setenta estudiantes. Pero todavía sería más grave para él la obligación de cumplir diariamente dos horas de ejercicio deportivo, actividad para la que, reconoce, nunca ha estado especialmente dotado. En esto está en los antípodas de Wojtila. Juan Pablo II era deportista desde su juventud: le gustaba esquiar, jugar al fútbol, nadar y las grandes caminatas por la montaña. Ratzinger era más de ese tipo de estudiantes muy dotados para las lenguas clásicas, para las matemáticas, para el manejo de las ideas, pero torpe en los ejercicios físicos. En algún pasaje de sus memorias anota que jugaba por obligación, y que sus compañeros eran amables y tolerantes y pasaban por alto su incapacidad para manejar un balón con los pies.

En esa época anota un recuerdo trágico, un primer atisbo de la actividad criminal de un régimen genocida: la muerte de un primo, disminuido mental. «Tenía catorce años y era un poco menor que yo. Era fuerte y mostraba los típicos síntomas del síndrome de Down. Despertaba simpatía por la sencillez de su inteligencia y su madre, que ya había perdido a una hija de muerte prematura, le tenía un gran cariño. Pero en 1941 las autoridades del Tercer Reich ordenaron que debía ser trasladado para tener una mejor asistencia. No teníamos noticia de la campaña de eliminación de disminuidos mentales que había empezado desde finales de los años treinta. Después de un tiempo llegó la noticia de que el niño había muerto de pulmonía y que su cuerpo había sido incinerado. A partir de ese momento las noticias de este tipo se multiplicaron.»

El horror nazi le llevará a preguntarse por la naturaleza del hombre. En *Dios y el mundo* responde a las preguntas sobre la conciencia de los hombres: «Me atrevo a decir que es imposible que un ser humano mate a cualquier otro y no sepa que eso está mal; de algún modo lo sabe. Es imposible que una persona que vea a otra en extrema necesidad no sienta que debería hacer algo [...] Incluso cuando se intentó inculcar a los miembros de las SS que había que matar por la raza germánica y que, en consecuencia, era bueno, incluso cuando Goering dijo que nuestra conciencia se llama Hitler y que sólo él era la norma, esa gente también sabía que no era algo bueno.»

Llega la guerra

El estallido de la guerra en septiembre de 1939, con la invasión de Polonia por parte de las tropas alemanas, supone el traslado del seminario a un colegio femenino de las Damas Inglesas en Sparz. La militarización invade la vida civil alemana. Las aulas del seminario diocesano habían sido requisadas como hospital militar. Las dos horas de deportes se convierten en un paseo diario y ese cambio es un alivio para un estudiante al que tortura la sola expectativa de tener que hacer gimnasia. Joseph se ve forzado a convivir de una forma estrecha con otros alumnos, a abrir su vida a la convivencia con otros jóvenes. En esa época se reconcilia con el seminario.

De este tiempo surge una situación que será aventada, sobre todo, por algunos rotativos sensacionalistas británicos cuando Ratzinger es elegido papa: su encuadramiento en las Juventudes Hitlerianas. El mismo Ratzinger lo cuenta en su obra *La sal de la tierra:* «Estando en el seminario tuve que formar parte de las Juventudes Hitlerianas. Luego, cuando nos ocuparon el seminario, las dejé y eso me procuró bastantes problemas, pues sólo podía conseguir dinero para matricularme al enseñar el carné de la organización. Menos mal que había un profesor de matemáticas que era miembro del partido nazi. Era un hombre honrado y gracias a Dios muy comprensivo. Este profesor me advirtió: "Ve al menos una vez para que te den el carné", y al ver que me negaba dijo: "No te preocupes, te comprendo. Yo lo haré por ti", y me libró de aquella obligación.»

Poco después, los dos hermanos, Georg y Joseph, tendrán que dejar el seminario y volver a casa, donde seguirán sus estudios en el instituto de Traunstein. La vida académica durará poco. La guerra se presenta de nuevo en casa de los Ratzinger. Tiempo después, los dos serán movilizados por el ejército. Joseph será destinado a las baterías antiaéreas que protegían una fábrica de motores de BMW en las proximidades de Munich. De este tiempo recuerda los bombardeos americanos contra la ciudad y su vida militar. La disciplina cuartelera los obligaba a vivir en barracones pero también les permitía asistir a clases en el Instituto Maximiliano de Munich. Joseph tiene ya una buena formación en lenguas y cultura clásica pero se da cuenta de que su vida en provincias le ha estrechado los horizontes y que sus compañeros que vienen de las ciudades están en contacto con una cultura diferente. Junto a otros soldados católicos, organizarán clases de religión. «Ese verano —anota— ha quedado paradójicamente en mi recuerdo como un periodo espléndido.»

El 10 de septiembre de 1944, a los diecisiete años, es liberado del servicio en la batería antiaérea de Gilching. Pero a los pocos días será movilizado para realizar el servicio laboral en un punto cercano a las fronteras alemanas con Austria, Hungría y Checoslovaquia. «Cuando regresé a casa tenía sobre la mesa de la cocina la llamada al servicio de trabajos del Reich. El 20 de septiembre, un viaje interminable me llevó hasta Burgerland, donde, con muchos de mis amigos del gimnasio de Traunstein, fui asignado a un campo situado en el rincón del territorio en el que Austria hace frontera con Hungría. Aquellas semanas de trabajo se han grabado en mi memoria como un recuerdo opresor. Nuestros jefes venían sobre todo de la Legión Austriaca. Se trataba por tanto de nazis de primera hora que habían sido encarcelados en el tiempo del canciller Dollfus, personas fanáticamente ideologizadas que nos tiranizaban con violencia. Recuerdo que una noche fuimos sacados de la cama de madrugada y reunidos frente a los barracones. Un oficial de las SS nos llamó uno por uno, nos sacaba de las filas y nos conminaba al alistamiento "voluntario" en las SS. Se aprovechaba de que estábamos cansados y de que teníamos que responder delante de todo el grupo. Muchos de los que estaban en el campamento fueron enrolados de esta forma en ese cuerpo criminal. Junto a otros, yo tuve la suerte de poder decir que tenía intenciones de convertirme en sacerdote católico. Nos cubrieron de golpes y de insultos, pero estas humillaciones no nos importaban porque nos liberaban de un alistamiento falsamente "voluntario" y de todas sus consecuencias.» Allí pasará tres meses de trabajos forzados, obligado a cavar durante horas y a regresar con la azada colgada en la espalda, limpia, sin rastro, sin una sola mota de polvo. Son los meses en los que percibe la descomposición final del régimen criminal que gobierna

Alemania, a la que regresan ahora trenes y transportes cargados de soldados malheridos.

Después de ese tiempo volverá a casa para ser movilizado poco después como soldado del cuartel de infantería de Traunstein, de donde desertará con riesgo de su vida. Él mismo cuenta cómo los dos soldados que vigilaban la puerta del cuartel le dejaron salir cuando escapaba, a pesar de que su obligación era la de detenerle como desertor, lo que le habría costado la vida. «Fue extraño que no fuéramos destinados al frente, que estaba cada vez más cerca. Un día recibimos uniformes nuevos y nos obligaron a marchar sobre Traunstein cantando canciones de guerra, quizá para mostrar a la población civil que el Führer tenía todavía soldados jóvenes a su disposición. La muerte de Hitler reforzó la esperanza de que el final estuviera cercano. Pero la lentitud con la que los americanos procedían en su avance retrasaba el día de la liberación. A finales de abril o primeros de mayo (no lo recuerdo con precisión) me decidí a irme a casa. Sabía que la ciudad estaba rodeada de soldados que tenían la orden de fusilar a los desertores al instante. Por eso, para salir de la ciudad tomé un camino secundario, para intentar pasar desapercibido. Pero al salir de una galería me encontré a dos soldados haciendo guardia y por un momento la situación se puso crítica. Por suerte eran dos que estaban hartos de la guerra y no querían transformarse en asesinos. Obviamente debían buscar una excusa para dejarme pasar. Tenía el brazo vendado y atado al cuello por una herida. Me dijeron: "Camarada, estás herido, pasa." De esta forma conseguí llegar a casa incólume.»

La tranquilidad duró poco tiempo. Un grupo de soldados americanos descubrieron en su casa los uniformes que había utilizado como soldado y fue detenido y enviado al campo de concentración aliado de Bad Aibling, junto con unos cincuenta mil prisioneros. «Permanecimos al aire libre —recuerda— hasta el final de nuestro cautiverio. El rancho consistía en un cucharón de sopa y un trozo de pan al día.» La vida en el campo transcurre entre los intentos de llenar con charlas y conferencias aquellas jornadas vacías. «Había algunos sacerdotes que cada día celebraban la misa al aire libre, ante la que se congregaba un grupo no muy grande pero sí fácilmente reconocible. Nos reuníamos estudiantes de teología y universitarios de procedencia diversa: juristas, historiadores del arte, filósofos... de tal forma que pudimos desarrollar un rico programa de conferencias que daba un cierto sentido a nuestros días vacíos, enriquecía nuestro conocimiento y, poco a poco, hacía surgir amistades más allá de los bloques del campo de concentración. Vivíamos sin reloj, sin calendario, sin periódicos; sólo a través de voces confusas y fragmentarias llegaba a nuestro mundo confinado entre alambres de espino algo de lo que estaba ocurriendo fuera.»

Joseph salió de aquel campo de prisioneros el 19 de junio. «Se procedía según las clases sociales: los primeros fueron los agricultores, los últimos (porque eran considerados los menos útiles en estas circunstancias) los estudiantes. En esta situación, como se puede comprender, muchos estudiantes se hicieron pasar por campesinos. [...] Llegué a mi ciudad de forma inesperada antes del ocaso; la Jerusalén celestial no me habría parecido más hermosa en aquellos momentos. En la iglesia se oía cantar y rezar; era la noche del viernes del Sagrado Corazón. No quise molestar y por eso no entré, sino que me dirigí todo lo rápido que pude a casa. Al verme de repente vivo, mi padre se puso fuera de sí de alegría. Mi madre y mi hermana estaban en la iglesia.» El joven Joseph, con diecinueve años recién cumplidos, recuerda que aquella primera comida después del cautiverio fue lo mejor que ha tomado nunca, un almuerzo preparado por su madre con los productos del huerto de casa.

Poco tiempo después, la felicidad sería plena con el regreso a casa de su hermano Georg: «En un cálido día de julio escuchamos pasos, y aquel del que hacía tanto tiempo que no sabíamos nada, de repente, estaba entre nosotros, bronceado por el sol de Italia, y agradecido y sobresaltado entonaba en nuestro pianoforte el *Grosser Gott, wir loben dich* (Te alabamos, Señor).»

Regreso al seminario

Aquella Navidad, después del fin de la guerra, entre la tragedia de tantos compañeros muertos en los frentes y entre las ruinas de los bombardeos, Joseph Ratzinger vuelve al seminario de Frisinga con una gran sed de conocimiento después de aquellos años de «escasez y de desolación». Son años de lecturas voraces, de una gran curiosidad intelectual, de la apertura a los grandes problemas que plantea la cultura moderna. En esas lecturas despiertan las grandes cuestiones que Ratzinger abordará como teólogo a lo largo de los años. «Una de mis primeras lecturas, después de comenzar los estudios de teología a principios de 1946, fue la primera de las obras de Romano Guardini, *El espíritu de la liturgia*, un pequeño volumen publicado en la Pascua de 1918. Esta obra contribuyó de manera decisiva a redescubrir toda la belleza de la liturgia, toda su riqueza oculta, su grandeza intemporal, e hizo de ella el centro vivificante de la Iglesia.» Esta visión de la liturgia, su sensibilidad estética, es la que le llevará, años más tarde, a criticar la reforma que decide abolir la misa tridentina y poner el altar en el centro de la asamblea con el sacerdote vuelto hacia los fieles. En el viejo modelo, dirá, todos miraban hacia Cristo, como al sol que surge en el horizonte.

Entre sus lecturas juveniles destaca el *Lobo estepario*, de Hermann Hesse, que le conmueve sobre todo porque el nihilismo del protagonista le hace reflexionar sobre el hecho de que la exaltación del yo, llevada al extremo, termina por conducir al personaje a su propia autodestrucción. De sus experiencias menos conocidas en esos años está el gusto por la poesía. Compuso muchos versos, dedicados a las fiestas religiosas, a la naturaleza, versos de tono sentimental que muestran una exquisita sensibilidad. Por sus manos pasan las novelas de Dostoievski, la literatura francesa representada por Paul Claudel y George Bernanos, las obras científicas de Einstein o de Heisenberg, o las obras de la filosofía de la época, las de Karl Jaspers y Martin Heidegger. Pero sobre todo su interés se centra en san Agustín y Tomás de Aquino, los dos autores que más le apasionan. De Agustín de Hipona dirá que su teología (la del propio Ratzinger) ha sido un diálogo permanente con las obras del santo, una conversación mantenida como un hombre de hoy. A Tomás de Aquino le reprocha sin embargo que haya construido una lógica «demasiado cristalina, demasiado cerrada en sí misma, impersonal y prefabricada». En los márgenes de su interés su atención también se detuvo en algunos de los pensadores que más han influido en el siglo XX, como Friedrich Nietzsche.

Con todo ese equipaje intelectual viajará a Munich en 1947 para estudiar teología en el Georgianum, y con la esperanza de entrar de lleno en los debates culturales de su tiempo. Son años de dudas, «la duda de si iba a ser capaz de vivir el celibato, de estar soltero de por vida. La universidad estaba por aquel entonces medio en ruinas y no teníamos un edificio propio para la Facultad de Teología. Aquello hacía que la convivencia (no sólo entre alumnos y profesores, sino entre alumnos y alumnas) fuera muy estrecha; así que la tentación de dejarlo todo y seguir los designios del corazón era casi diaria. Sólo podía pensar estas cosas al pasear por los jardines del Fürstenried. Pero también, como es natural, al hacer largas horas de oración en la capilla». La estrella más rutilante de aquella facultad era Friedrich Maier, profesor de Exégesis del Nuevo Testamento, disciplina que se convertiría en el centro y el alma de los estudios teológicos de Ratzinger. 1947 será también para el joven Joseph el año del encuentro con las obras de Henri de Lubac (1886-1991), sobre todo a partir de la lectura de *Catolicismo. Aspectos sociales del dogma*, obra sobre la dimensión social y universal de la Iglesia.

El 29 de junio de 1951, a la edad de veinticuatro años, y después de unos meses de trabajo duro e intenso para preparar su tesis sobre san Agustín, es ordenado sacerdote por el cardenal Michael Faulhaber en la catedral de Frisinga. Joseph guarda un recuerdo especial de aquella ordenación. «No es bueno ser supersticioso, pero en el momento en el que el anciano arzobispo puso sus manos sobre las mías, un pájaro (tal vez una alondra) voló sobre el altar mayor de la catedral y entonó un canto gozoso. Fue para mí como si una voz de lo alto me dijese: "Vas bien así, vas por buen camino."» Su hermano Georg fue ordenado en la misma ceremonia. Existe una foto en la que se les ve a los dos, y su actitud es una muestra de la diferencia de su carácter a pesar de llevar caminos paralelos en su vida: los dos están de pie, con los brazos extendidos hacia adelante. Georg sonríe con un rostro iluminado por la felicidad, mientras Joseph, serio, tiene los ojos cerrados en una actitud de recogimiento.

El 8 de julio, domingo, se celebró una gran fiesta en Traunstein con dos misas oficiadas por los dos Ratzinger en la iglesia de San Ovaldo. Fueron dos porque en aquella época todavía no se habían introducido las misas concelebradas. Fue una gran fiesta en la localidad que lo celebró incluso con fuegos artificiales en la víspera de la ceremonia. El joven sacerdote pasará en seguida a ser coadjutor en la parroquia de la Preciosísima Sangre de Cristo, en Munich, donde se encargará sobre todo de las clases de religión para los niños.

Pronto entrará en contacto con la Universidad de Frisinga y comenzará a prepararse para la cátedra de Teología y Dogmática con nuevos estudios sobre el franciscano san Buenaventura. En este punto de su vida, en 1956, su carrera como docente estuvo a punto de precipitarse por el acantilado de la incomprensión. Su tesis sobre san Buenaventura estuvo a punto de ser rechazada debido a su modernidad, pero terminó por pasar el filtro del consejo de facultad, aunque con muchas notas de corrección. Comienza a enseñar teología y dogmática en la Universidad de Frisinga, donde vivía con sus padres, pero pronto será llamado a las escuelas teológicas de Bonn, Munster y Tubinga. Hay un rasgo que aparece pronto en su vida y que será decisivo en su papel como papa Benedicto XVI: la claridad de ideas, la capacidad de entusiasmar a través del intelecto. John Jay Hughes, un sacerdote americano que estudió en Alemania y conoció a Ratzinger, describía al vaticanista John Allen que muchos en la ciudad iban a escuchar las clases del profesor, seducidos porque sus explicaciones eran claras, fáciles de seguir, convincentes, capaces de expresar problemas y cuestiones muy complejas a personas que no tenían una base intelectual teológica.

En esa época podemos encontrar también rastros de lo que será luego el método de trabajo de Ratzinger en la Congregación para la Doctrina de la Fe, un sistema que él empieza a trabajar en el mundo universitario. El debate será su método. La participación, una estrategia de aprendizaje que atraerá a muchos alumnos. En *La sal de la tierra* cuenta que «siempre he procurado ayudar a que los demás detectaran los puntos débiles de una argumentación. Ha sido una magnífica experiencia desde el punto de vista humano. En vez de trabajar a solas con cada doctorando, nos reuníamos todos un par de horas a la semana para que cada uno pudiera presentar a debate las dificultades que encontraba en su investigación. Era un sistema de trabajo que gustaba mucho. Luego se fue ampliando aquel círculo e invitamos a otros profesores, gente importante».

En el verano de 1959 muere su padre. «El domingo 23 de agosto mi madre le invitó a dar un paseo hasta el lugar donde habíamos vivido y donde todavía quedaban algunos amigos; caminaron en aquel día caluroso de verano más de diez kilómetros. Mientras volvían a casa mi madre quedó impresionada por el fervor con que rezó durante una breve visita a la iglesia.» Poco después, durante la cena, su padre caería fulminado por un ataque de apoplejía. Murió después de dos días de agonía.

Camino del concilio

Lecciones y libros habrían sido su destino si el cardenal de Colonia, el arzobispo Frings, no le hubiese elegido como asesor para el Concilio Vaticano II. Frings le había conocido en una conferencia en la Academia Católica de Bensberg, que le impresionó. Para el trabajo conciliar le hizo llegar los memoranda que preparaban las discusiones, y Ratzinger empezó a hacer observaciones críticas a documentos en los que tenía demasiado peso un pensamiento erudito, muy poco pastoral. Es la época en la que junto a Hans Küng y Karl Rahner, primera línea de la teología crítica, suministran a los obispos que participan en el concilio toda la artillería ideológica necesaria para frenar los intentos de persistir en el conservadurismo de la curia vaticana y para abrir el campo de las reformas. Su experiencia del concilio fue crucial: «El privilegio de tener múltiples encuentros con Henri de Lubac, Jean Daniélou, Yves Congar, Gerard Philips, por citar sólo algunos nombres destacados; los encuentros con obispos de todos los continentes y las conversaciones personales con algunos de ellos.» Ratzinger se muestra especialmente activo no sólo en los trabajos del concilio, sino también en la actividad intelectual paralela, la organización de sesiones informativas sobre los asuntos conciliares, o las conferencias, como la que da junto a Karl Rahner el 25 de octubre de 1962 en la iglesia de Santa Maria dell'Anima, en la que proponen un esquema nuevo de la revelación. El 3 de junio de 1963 muere Juan XXIII.

En octubre de 1962 conocerá a Hans Küng en un café de la Via della Conziliazione, y nacerá una relación personal marcada por las diferencias en cuestiones teológicas. Sería Küng quien le llamaría años después, en 1966, para la cátedra de Dogmática de la Universidad de Tubinga, convencido de que era el único en Alemania que estaba a la altura de aquel trabajo. Küng habla con cierta nostalgia de aquellos tiempos: «Nos veíamos a menudo, a pesar de que nunca tuvimos una verdadera amistad personal. Eran frecuentes las invitaciones a cenar en nuestras casas. Él vivía con su hermana, una persona exquisita, siempre muy amable, que le protegía. Cuando íbamos a cenar a su casa tapaba los libros sobre la mesa con un paño blanco para que las visitas no se llevaran una impresión de desorden.»

El concilio se suspende y el cónclave elige a Pablo VI, que ordenará la reanudación de las sesiones el 29 de septiembre. Fue el tiempo de los teólogos. A Ratzinger le interesará sobre todo el debate sobre la colegialidad y el ecumenismo. En la fecha de la clausura del concilio, el 8 de diciembre de 1965, el teólogo alemán se ha convertido en un profesor experimentado y en un intelectual que toca todos los grandes temas de la Iglesia.

Terminada la asamblea conciliar, y en medio de un ambiente de crisis provocado por grupos que reclamaban una mayor apertura, Ratzinger vuelve a Münster, donde pasará poco tiempo antes de trasladarse a Tubinga en 1966. Los dos circulaban a velocidades diferentes: Hans Küng era célebre en la ciudad por recorrer sus calles a bordo de un moderno Alfa Romeo, mientras que Ratzinger se desplazaba en bicicleta.

En esos años finales de la década de los sesenta, el marxismo desplazará al existencialismo de la universidad. Son los años en los que Ratzinger comienza a frenar sus ímpetus reformadores. En 1965 había participado en la fundación de la revista *Concilium*, de la que luego se alejará, al comprobar que el consejo editorial se había convertido en un «concilio permanente de teólogos» que reclamaban una especie de estatus de infalibilidad. Los debates y las propuestas críticas estallan por todas partes: Hans Küng replantea la figura del sacerdote y pone en cuestión el celibato; el ecumenismo a ultranza reduce cuestiones de doctrina a meros malentendidos; los debates radicales asaltan la encíclica *Humanae vitae*.

El trauma del 68

Espantado del reformismo radical de los teólogos innovadores y tocado por el *shock* del extremismo estudiantil del 68 que en la universidad alemana ataca a la religión como punta de lanza de la injusticia capitalista, el teólogo no olvidará jamás la visión de un panfleto que proclama «Maldito Jesús» u otro que se encabezaba con esta expresión: «El Señor Jesús guerrillero», y que en una de sus líneas se preguntaba: «¿Qué otra cosa puede ser la cruz de Cristo sino una expresión sadomasoquista de ensalzamiento del dolor?» Ratzinger no podrá olvidar la violencia de aquellos años: «He visto cara a cara el rostro cruel de esta devoción atea, el terror psicológico, el desenfreno por el que se llegaba a renunciar a toda reflexión moral (considerada como un residuo burgués) allí donde el único fin era el ideológico [...] Fue entonces cuando percibí cómo se iba infiltrando una tendencia nueva que (fanáticamente) se servía del cristianismo como instrumento al servicio de su ideología. Y aquello sí que me pareció una auténtica mentira.»

Küng recuerda los desórdenes de aquellos años y la actitud de Ratzinger. «Él y yo éramos los dos profesores más conocidos de la facultad católica. Por esta razón los estudiantes nos buscaban. No es agradable encontrar a ciento cincuenta personas que invaden las aulas y se apoderan del micrófono. La diferencia era que yo reaccionaba, intentaba discutir, mientras él, que era muy tímido, no controlaba la situación en aquel contexto tan emotivo.» Para ilustrarlo, Küng cuenta una anécdota. Un día, un grupo de estudiantes entra en las aulas sin levantar la voz, diciendo que quieren participar en los debates. Los profesores reaccionan de formas diferentes, unos ríen, otros aceptan. Ratzinger recogió sus cosas y se marchó del aula. Cuando salió por la puerta el filósofo Walter

Schulz les dijo a los estudiantes que preguntaban quién era aquel profesor: «Es Ratzinger, es teólogo, y oiréis hablar de él.» «Ratzinger —dice Küng— rechazó totalmente aquel caos del 68, y éste creo que fue el punto decisivo de su cambio hacia una orientación conservadora.» Sin embargo, Joseph Ratzinger precisa algunos elementos de los que habla Hans Küng. Podemos encontrar esos matices en *La sal de la tierra*. «Nunca me quitaron el micrófono. Tampoco tuve dificultades con los estudiantes, sino más bien con los activistas que procedían de un fenómeno social extraño.»

Desde aquellos años marcados por la violencia y las revueltas tendrá una desconfianza profunda hacia cualquier forma de marxismo. Ratzinger buscará ambientes más propicios para el trabajo en la Universidad de Ratisbona. Los años setenta son tiempos en los que combate la decadencia que ve en la vida de la Iglesia y en los que encuentra a Hans Ur von Baltasar, figura que marcará su vida y su trabajo intelectual. Von Baltasar murió sin recibir el capelo cardenalicio que le concedió el papa Pablo VI. En los últimos años, su teología había experimentado una evolución, desde *Abatir los bastiones* (1952), donde planteaba la necesidad de profundas reformas en la Iglesia, hasta *Cordula* (1966), en el que revisará sus posturas y denuncia algunas desviaciones posteriores al concilio. Para Ratzinger, «el espectro que recorre su obra va desde los presocráticos hasta Freud, Nietzsche y Brecha, abarcando toda la herencia cultural occidental de la filosofía, la literatura, el arte y la teología. Pero este inmenso desplegarse del espíritu no significa en Baltasar simple curiosidad de erudito o aspiración al poder que viene con los amplios conocimientos. [...] Su preocupación era limpiar los ojos del corazón, para que pudieran ver lo que de verdad merece la pena: el fundamento y el fin último de nuestra vida, el Dios vivo».

En este clima, el teólogo funda con Henri de Lubac y con Don Giussani, líder de Comunión y Liberación, la revista *Communio*, para enfrentarse a la revista de los reformadores *Concilium*, en busca de una teología nueva más segura. Ratzinger estaba entre los fundadores de *Concilium* en 1965, pero las cosas entre aquel primer grupo de teólogos alemanes habían cambiado. «Se produjo un cambio —escribe en sus memorias—, que se puede situar en 1973, cuando alguien empezó a decir que los textos del Vaticano II no podían ser un punto de referencia de la teología católica.»

En torno a su nuevo grupo de teólogos, conocerá a algunos hombres que luego han sido importantes en su vida, como Angelo Scola, hoy cardenal arzobispo de Venecia, que ha sido uno de las figuras importantes en su elección como pontífice en el cónclave de abril de 2005. A pesar de los avatares convulsos de la época, Ratzinger demuestra una gran fe en el futuro cuando profetiza que «para la Iglesia vienen tiempos difíciles. La auténtica crisis —escribe en 1970— no ha comenzado aún. Hay que contar con futuras grandes sacudidas. Pero también estoy completamente seguro de que la Iglesia permanecerá hasta el final: no la Iglesia del culto político, sino la de la fe». Siempre se ha defendido de las acusaciones de pesimismo con el argumento de que ver los hechos como son es sólo un ejercicio de realismo imprescindible. Una de las vías que más apoya para combatir la crisis de la Iglesia es la de los nuevos movimientos: «Que el concilio llegue a ser una fuerza positiva en la historia de la Iglesia depende solo de manera indirecta de los textos y de las colectividades. El factor decisivo es que haya personas», santos, «que, mediante el inconmovible compromiso personal, acierten a crear cosas nuevas y vivas. La decisión definitiva sobre el valor histórico del Concilio Vaticano II depende de que existan personas capaces de hacer frente al drama de tener que separar el trigo de la cizaña».

El papa Pablo VI le promueve al puesto de obispo de Munich el 28 de mayo de 1977. Ratzinger recuerda aquel día: «No pensé que hubiera ningún peligro a la vista cuando el nuncio de Mestri, sirviéndose de una excusa, me fue a visitar a Ratisbona. Charló conmigo de lo divino y de lo humano, y al final me puso en la mano una carta que debía leer en casa y pensar sobre su contenido. La carta contenía mi nombramiento como arzobispo de Munich y de Frisinga. Fue para mí una decisión inmensamente difícil. Se me había autorizado a consultar con mi confesor. Hablé con el profesor Auer, que conocía mis límites tanto teológicos como humanos. Esperaba que él me disuadiese. Pero, para gran sorpresa mía, me dijo sin pensarlo demasiado: "Debe aceptar."» Como escribe Pablo Blanco en su magnífico *Joseph Ratzinger. Una biografía*, aquí empieza para nuestro teólogo una nueva etapa en la que —de este modo tan inesperado— imitará a su maestro Agustín, después obispo de Hipona, y se convierte de profesor en pastor. En estos años de Munich, la que fuera su secretaria, Maria Prankl, recuerda que su trabajo era una sorprendente mezcla de profundidad y de piedad, pero al mismo tiempo sustentado en una brillante racionalidad.

Es curioso cómo Ratzinger recuerda con una extraordinaria nitidez los días más importantes de su vida. El 28 de mayo de 1977 fue consagrado obispo: «Experimenté la realidad del sacramento: que en él sucede algo que es verdad.» Como lema episcopal elegirá el de «*Cooperatores veritatis*», colaborador de la verdad, «ante todo —dice en *Mi vida*— porque me parecía que podía expresar bien la continuidad entre mi anterior tarea y el nuevo cargo, ya que se trata siempre de lo mismo: seguir a la verdad, ponerse a su servicio». Ratzinger asume la misión del pastor en un clima frío e incluso agresivo, con los templos vacíos y los seminarios despoblados de estudiantes. Ese mismo año, Pablo VI le impone el birrete cardenalicio. Un año después estará entre los grandes electores que hacen pontífice a Juan Pablo I, después de la muerte del papa Montini.

Un cardenal entre dos cónclaves

En las congregaciones previas y en los días del cónclave conocerá a un cardenal con quien se había intercambiado libros pero al que no había visto nunca: el polaco Karol Wojtila. Un mes y medio después, Ratzinger sería uno de los cardenales decisivos en la elección del arzobispo de Cracovia como pontífice. En su primer encuentro descubrieron lo que Ratzinger llamaría más tarde una «espontánea sintonía». Ratzinger había sido uno de los intelectuales que habían participado en la redacción de la *Lumen Pentium*, la constitución dogmática sobre la Iglesia, y Wojtila uno de los arquitectos de la *Gaudium et*

Spes, la constitución pastoral sobre la Iglesia en el mundo moderno.

En los días anteriores al cónclave de octubre en el que fue elegido Wojtila, el cardenal teólogo puso en guardia, en una larga entrevista, contra el peligro de que el marxismo, en su versión eurocomunista, pueda influenciar en alguna medida la elección de la Iglesia. Al cardenal Höffner, de Colonia, y a Ratzinger, de Munich, no les gustaba la postura dogmática de un hombre como Siri, gran favorito en el cónclave que eligió a Wojtila. Ratzinger decidió intervenir en los debates con una larga entrevista en el *Frankfurter Allgemeine Zeitung* para advertir de los riesgos que rodeaban a la elección. Marco Polito escribe en *Su Santidad* que «denunciando los peligros de la presión de las fuerzas de la izquierda, Ratzinger recordaba a los votantes las críticas difundidas por Juan Pablo I contra la Teología de la Liberación, el movimiento teológico en América Latina que se oponía al capitalismo y a menudo se identificaba con las luchas revolucionarias contra dictaduras atrincheradas en el poder». Wojtila compartía las preocupaciones del arzobispo de Munich.

Durante aquellas reuniones en lo días previos al cónclave, Ratzinger intervendría en los debates para subrayar que la Iglesia no debería adoptar ningún «compromiso histórico» con la alianza forjada en el Parlamento italiano entre los democristianos y los eurocomunistas de Berlinguer. Apostaba por un candidato que permitiera bloquear el intento dogmático y ultraconservador de Siri, sin por ello abrir la puerta a un pontífice del ala más izquierdista del cónclave. En el último tramo del cónclave, el 16 de octubre de 1978, los votos de los alemanes serían decisivos para sacar adelante en la octava votación la candidatura de Wojtila. Gracias al apoyo de Ratzinger, el voto de los alemanes, que el lunes por la mañana se fue a otros nombres, por la tarde se concentró en la victoria del polaco. Dos años después, Juan Pablo II le llamará a Roma como relator del Sínodo de los obispos sobre la misión de la familia cristiana. Y el 25 de noviembre de 1981 le pide que haga las maletas para una estancia más larga. Le llama a la curia vaticana con el encargo más importante después del papa: prefecto de la Congregación de la Doctrina de la Fe. Fue el nombramiento más importante que hizo Juan Pablo II durante todo su pontificado. A la luz de los últimos acontecimientos, ese encargo a Ratzinger, y las negativas reiteradas a dejarle marchar de vuelta a Baviera para un retiro entre libros, se vuelven providenciales.

El 6 de agosto de 1984, la Congregación para la Doctrina de la Fe publica una *Instrucción sobre algunos aspectos de la Teología de la Liberación*. Juan Pablo II había encargado a Ratzinger que elaborara una verdadera Teología de la Liberación, a la luz de los sucesos y las derivas en la Iglesia católica en América. La finalidad de la instrucción que sale de la Congregación es la de «llamar la atención de los pastores, los teólogos y todos los fieles sobre las desviaciones, el riesgo de desviación, perjudiciales para la fe y la vida cristiana que provocan ciertas formas de teología de la liberación que usan, de modo insuficientemente crítico, conceptos tomados en préstamo de diversas corrientes del pensamiento marxista».

En septiembre de 1984 es cuando condena la Teología de la Liberación e invita al episcopado de Perú, que ya había escrito un documento de condena, a revisarlo porque no era lo suficientemente duro. Es el tiempo de la condena a Leonardo Boff y de la instrucción al episcopado norteamericano de retirar del mercado un catecismo que había vendido un millón y medio de copias. Como dice John Allen, los teólogos de la liberación tuvieron la mala suerte de encontrarse con Joseph Ratzinger. El 21 de diciembre, Juan Pablo II declaraba en un discurso ante los cardenales de la curia que la Iglesia se compromete a ayudar a los desamparados, pero también los protege de «ideologías ilusorias y peligrosas».

Al cardenal alemán todo aquel movimiento le recordaba los años turbulentos en Tubinga. En marzo de 1986, la Congregación difunde la *Instrucción sobre la liberación y la libertad cristiana*, en la que se anima a los cristianos a intervenir en la vida pública, en el combate contra toda injusticia: «Se pone en evidencia —dice el texto— que la doctrina cristiana de la libertad no es un moralismo mezquino. Está guiada por una visión integral del hombre en una perspectiva histórica y, al mismo tiempo, superior a toda la historia.»

Ratzinger no elude los problemas. Él mismo habla de su forma de abordar las cuestiones que le salen al encuentro en un párrafo que me parece revelador: «Todavía hoy me consuela saber que nunca eludí ninguno de los problemas de aquel periodo de Munich, pues no afrontar los problemas me ha parecido siempre la peor forma de desempeñar un cargo. Me parece inconcebible. Desde el principio supe que en mi nuevo cargo en Roma tendría que acometer tareas nada fáciles de realizar, aunque creo estar en condiciones de decir que siempre he buscado ante todo el diálogo con todos y con cada uno, y eso ha dado sus frutos.» Fruto de esos diálogos son unos cuantos libros. Al cardenal le gustaba hablar con los periodistas o con los escritores, o incluso con los filósofos de su tiempo, como el caso del famoso diálogo abierto con Jürgen Habermas.

En 1985 salió el célebre *Informe sobre la fe*, producto de una entrevista con Vittorio Messori, un libro en el que dibuja un panorama sombrío de la Iglesia católica: «Los últimos diez años —dice— han sido decididamente desfavorables. Lo que los papas y los padres del concilio estaban esperando era una nueva unidad católica, y en lugar de ello hemos encontrado una disensión que», para utilizar las palabras de Pablo VI, «parece haber ido desde la autocrítica hasta la autodestrucción. Hubo la expectación de un nuevo entusiasmo, pero demasiado a menudo ha terminado en el hastío y en el desaliento». En el libro repasa todos los asuntos de actualidad en la Iglesia sin evitar ni uno solo, y en todos lanza severas críticas sobre el estado de la Iglesia y de la cultura y la sociedad contemporáneas. La respuesta al libro habla de restauración, y Ratzinger se explica: «Si por restauración entendemos la búsqueda de un nuevo equilibrio tras todas las exageraciones de una apertura indiscriminada al mundo, tras las interpretaciones demasiado positivas de un mundo agnóstico y ateo, entonces una restauración entendida en este sentido es en su conjunto deseable y por ello mismo está ya actuando en la Iglesia. En este sentido se puede decir que la primera fase después del Vaticano II ha concluido.» Las palabras de Ratzinger encontraron la respuesta en otra entrevista, esta vez del cardenal austriaco Franz Koenig, el factor de la victoria de Wojtila en el cónclave de octubre de 1978. Koenig advierte del error de mirar con temor cualquier cosa nueva de la historia, y propone que la Iglesia tiene que avanzar.

Dos años más tarde, en 1988, le tocará desmontar la ofensiva integrista del obispo Marcel Lefebvre que amenaza con un nuevo cisma en la Iglesia católica. Ratzinger llegará a un pacto con el líder tradicionalista que se concreta en un protocolo de acuerdo que Lefebvre no respetará. El Vaticano había hecho esfuerzos muy serios para reconciliar al arzobispo sin renunciar al Concilio Vaticano II. Los problemas se multiplican, y así llega en 1989 la Declaración de Colonia en la que un grupo de teólogos pide más pluralismo y menos injerencias de la Congregación que preside Ratzinger. Los ataques vienen de ambos lados y a la vez, desde el campo tradicionalista y desde las regiones del progresismo. En los años que siguen no dejará ningún hilo sin atar: interviene en las polémicas sobre el celibato de los sacerdotes, la ordenación de las mujeres, la homosexualidad, los límites y métodos del diálogo ecuménico. Sobre este aspecto ha llegado a acuerdos importantes sobre la justificación, de la misma forma que algunos de sus documentos han despertado recelo e inquietud.

Ratzinger entiende el diálogo ecuménico como una forma conjunta de buscar la verdad, no como un proceso de negociación en el que cada uno debe poner en la balanza sus renuncias para contrapesarlas. «El diálogo —dice— es importante, pero hay voces que nos responden: Ser cristiano es ser multireligioso. Estas cosas no ayudan a construir un terreno de comprensión. La raíz es buena pero está envenenada por ideas equivocadas. Así se debilita nuestra fe y no se ayuda a los otros.»

Entre Wojtila y Ratzinger, entre Juan Pablo II y su prefecto para la Doctrina de la Fe se creará una unión muy fuerte, una relación de estima y de afecto profundo que en los últimos años llevará a Juan Pablo II a rechazar las peticiones de Ratzinger de renunciar para retirarse en su amada Baviera. Las dos grandes misiones del alemán en la curia romana han implicado el sacrificio y la renuncia de la vocación más querida de Ratzinger, la de dedicarse a la teología y mantener un contacto vivo con sus estudiantes. Joaquín Navarro-Valls, director de la Oficina de Prensa vaticana define sus encuentros como grandes conversaciones y debates entre la filosofía (Wojtila) y la teología (Ratzinger). Se veían todos los viernes por la tarde, día de despacho para el prefecto de la Doctrina de la Fe, y de sus diálogos han salido numerosos documentos vaticanos. Para Juan Pablo II ha sido un hombre fundamental. Lo expresa en uno de sus últimos libros *¡Levantaos, vamos!*: «Doy gracias a Dios por la presencia y la ayuda del cardenal Ratzinger: es un amigo de confianza.»

Muchos biógrafos de Wojtila han hablado de esta relación especial, de afecto e intelectual entre dos hombres que eran muy distintos. Weigel dice que «si fuera cierta la caricatura que se insinuó en la época, que Juan Pablo II y el cardenal Ratzinger sólo hablan con gente con la que están de acuerdo, no podrían haber mantenido un diálogo intelectual tan intenso a lo largo de los últimos veinte años. En el Wojtila carismático y pastoral Ratzinger reconocía una "pasión por el hombre" y la "dimensión espiritual de la historia", dos rasgos que convertían la proclamación del Evangelio por la Iglesia en poderosa alternativa a los falsos humanistas de su tiempo». En el doctor Ratzinger, Wojtila reconocía a un maestro que lo superaba en el dominio de la teología. Juntos, concluye Weigel, «formaban un tándem intelectual formidable».

Durante años, Wojtila predica por el mundo, mientras Ratzinger vigila la ortodoxia y mantiene a raya a teólogos críticos como Boff, Curran, Schillebeeckxs. En el curso de los últimos veinticuatro años, el cardenal ha combatido los aspectos políticos de la Teología de la Liberación, acusándola de estar subordinada al marxismo; ha lanzado duros ataques a los regímenes del Este, a los que denominó «vergüenza de nuestro tiempo», y ha pronunciado todos los vetos que Juan Pablo II ha creído necesarios para mantener el orden en el interior de la Iglesia católica. Ratzinger realizará también el objetivo de restaurar una severa línea doctrinal a través de la redacción de un Catecismo universal, destinado a servir de base para cualquier catecismo nacional. Su texto *Dominus Iesus*, en el que exalta la primacía de la función salvífica de Cristo sobre cualquier otra religión y la superioridad de la Iglesia católica respecto a otras religiones cristianas, provocó sarpullidos en el diálogo interreligioso.

Pero, sin embargo, con el tiempo se ha convertido en un interlocutor cada vez más importante e interesantes para el mundo laico. Su voluntad de instaurar un diálogo entre la fe y al razón sin renunciar a la identidad ha suscitado el respeto de muchos intelectuales laicos. Su acercamiento a la crisis del cristianismo en la sociedad contemporánea no es nunca banal, y su reflexión sobre la marginación de la fe en la sociedad secularizada no está nunca huérfana de puntos autocríticos. En todos estos años ha demostrado además una gran sensibilidad para las culturas nacionales, sobre todo para las que no son europeas en esta era de creciente globalización.

Sus emblemas hablan por él. De la misma forma que Wojtila eligió el «*Totus tuus*» dedicado a la Virgen cuando fue nombrado obispo, Joseph Ratzinger encontró el sentido de su misión en la expresión «*Cooperatores veritatis*» (Colaborador de la verdad). Hay otro elemento que nos da detalles de cómo entiende su misión. Su escudo obispal tiene un oso, tomado de la historia de san Corbiniano. Cuenta la leyenda que el fundador de la diócesis de Frisinga estaba de camino a Roma cuando su caballo, en un descanso, fue atacado por un fiero oso. El animal devoró al caballo. Cuando Corbiniano se dio cuenta de lo que había hecho ordenó al oso que llevara su carga hasta Roma. Al llegar a la ciudad eterna, el santo le devolvió la libertad. En *Mi vida*, Ratzinger se compara con el oso, no con el santo. «Yo también he traído mi equipaje hasta Roma, y desde hace años camino con mi carga por la Ciudad Eterna. [...] No sé cuándo quedaré libre. Pero sé que para mí también vale aquello de: "Me he convertido en tu bestia de carga, y así me siento cerca de Ti."»

Esa carga ha sido una de las más pesadas, y una de las que ocasiona una mayor dosis de impopularidad. Ratzinger ha sido el hombre que en este cuarto de siglo ha custodiado el valor de la doctrina, afrontado todo un abanico de problemas que van desde la Teología de la Liberación hasta el mandato sacerdotal, del fundamento teológico de algunas posiciones progresistas de la Iglesia al reformismo litúrgico, de la moral sexual a la ética de la investigación y de la ciencia. Ha tenido que pronunciar muchos síes, pero también ha tenido que emitir muchos noes. Ha estado en uno de esos cargos que dejan cicatrices. El cardenal Bertone dice que «ahora debe empezar a mediar, y será capaz de posiciones y actitudes reformistas que serían impensables cuando era cardenal, pero pueden ser posibles ahora que es papa».

Apelativos como «cardenal no» o «*panzerkardinal*» nos podrían hacer pensar en un hombre arrogante, autoritario. Nada más lejos de la realidad. Para comprobarlo, hemos conversado con algunas personas que conocen muy bien el funcionamiento de la Congregación de la Doctrina de la Fe, que Ratzinger ha dirigido desde hace veinticuatro años como prefecto. ¿Con mano de hierro? Escuchen lo que nos cuenta, por ejemplo, Lluis Clavell, que lleva cuarenta años en Roma y ha pasado por el Pontificio consejo de los países del Este, y es consultor de dos Congregaciones, la de la Educación Católica y el Consejo de la Cultura. Hoy, Clavell es rector emérito de la Universidad Pontificia de la Santa Cruz. «La de la Doctrina de la Fe es la única Congregación que trabaja como se debe trabajar. Hay un reglamento y se cumple, y quienes están en ella se sienten respetados. A Ratzinger le quieren hasta los ujieres. La forma de trabajar es por círculos. Si hay casos de conflicto los estudian primero los obispos, y sólo llegan a Roma en última instancia. Su método de abordar los expedientes se basa en el debate, escucha todas las opiniones, y los consultores trabajan con una gran libertad.»

Ángel Rodríguez Luño es sacerdote y lleva quince años en la Congregación como consultor. «Los consultores se reúnen cada lunes para tratar los asuntos. Esa cita la preside el secretario. El método se basa en que cada uno debe dar su opinión sobre todos los asuntos. A veces se hacen reuniones temáticas con el prefecto. Luego, toda esa riqueza de consideraciones pasa a una comisión de cardenales y en última instancia al papa. No puede haber un gobierno personalista, es imposible.» Rodríguez Luño precisa que en quince años nunca le ha escuchado una mala palabra contra nadie, ni un adjetivo sobre los asuntos que ha tenido que tratar. «A veces me toma el pelo, porque los españoles somos un poco vehementes. Le gusta preguntar y que le demos nuestra opinión con toda libertad. Él nunca pierde la serenidad y tiene una gran capacidad para escuchar, para hacer la síntesis de un tema complejo, o para precisar la idea central de un discurso. [...] Quizá el sistema es lento —precisa—, pero ofrece una enorme garantía de eficacia, de seriedad y de rigor.»

Sus alumnos en las facultades de Teología tienen un recuerdo muy parecido. En las aulas alemanas la fama de Karl Rahner era la de un teólogo que imponía un clima de tensión en sus clases, a las que los alumnos asistían atemorizados por los juicios del maestro. En las clases de Ratzinger, sin embargo, reinaba un espíritu de discusión y debate que los estudiantes apreciaban por su capacidad de crear emoción intelectual y libertad de pensamiento. Dice el cardenal Bertone, con el que se veía los miércoles en la Congregación ordinaria (reunión de cardenales de la curia), que «siempre ha querido saber, siempre le ha interesado nuestro punto de vista sobre cada uno de los temas que se han tocado. Después de una discusión atenta era él el que hacía el resumen de las posiciones. Pero era capaz de volver a poner en discusión todo, y sólo después de este último repaso trasladaba la relación al papa. Éste no es el modo de comportarse de un hombre arrogante y, si lo es, yo digo que viva la arrogancia».

Sin embargo, hay quien se queja de exámenes de la Congregación cargados de errores. El 4 de septiembre de 2000, la víspera de la publicación del documento *Dominus Iesus*, el jesuita Jacques Dupuis entró en la Congregación de la Doctrina de la Fe, donde le esperaba el cardenal Ratzinger. Su obra *Hacia una teología cristiana del pluralismo religioso* ha pasado el examen. En la sesión está presente el general de los jesuitas el padre Hans Peter Kolvenbach. El cardenal pondrá sobre la mesa un dictamen ya aprobado por el papa. Dupuis se niega a firmarlo porque, dice, está lleno de errores. Después de un largo tira y afloja que dura meses, la notificación saldrá publicada en el *Osservatore Romano*, pero cuando Dupuis la lee se da cuenta de que no es el mismo texto que él ha firmado. Entretanto se le comunica la prohibición para dar clases sobre pluralismo religioso. Perplejo, el cardenal König sale en defensa del jesuita: «Parece como si el pluralismo religioso fuese positivo para el papa y negativo para la Congregación para la Doctrina de la Fe. [...] En mi opinión, este caso demuestra las dificultades con las que se desarrolla el trabajo de la Congregación. Creo que debemos dejar el campo libre a la discusión. Entiendo que el trabajo no es fácil, pero es preciso estar atentos para no volver a viejos sistemas.» La propia Compañía de Jesús salió en defensa de Dupuis porque entendió que el caso tocaba de lleno el corazón de una institución que había integrado el diálogo interreligioso en sus constituciones.

Un cardenal con un club de fans

Es posible que no estemos ante lo que se ha denominado la figura de un papa mediático. Wojtila lo fue. Sus dotes de actor, su capacidad de comunicación con la multitud, su voz atronadora, su carisma y su facilidad para mostrarse completamente humano le abrieron las puertas de los grandes medios y de los auditorios masivos. Pero Ratzinger tiene una ventaja sobre el polaco: la claridad de sus ideas, el desarrollo lógico de un discurso no exento de iluminaciones poéticas. Sus textos son claros, de ahí que algunos hayan expresado la idea de que será capaz de provocar adhesión a través de las ideas, quizá como lo ha conseguido con un grupo de *fans* que han abierto una página en Internet llamada ratzingerfanclub.com. En ella se pueden encontrar textos, bibliografía, foros de debate, datos biográficos y una desarrollada mercadotecnia que incluye desde jarras para tomar cerveza hasta camisetas, chapas, gorras y otros elementos. Si uno teclea en Internet www.ratzingerfanclub.com puede encontrar las últimas noticias sobre el papa, pero también una tienda donde comprar los primeros *souvenirs* de Benedicto XVI.

Y sin embargo la pregunta permanece. ¿Será capaz de atraer a los jóvenes, o al menos de mantener el capital humano de juventud que le ha dejado Karol Wojtila? Lo intentará a través de la palabra, ésa es su gran arma de seducción a juicio de todos los que le conocen. La luminosidad de sus palabras es un rasgo muy notable de su producción intelectual. Ángel Rodríguez Luño nos decía desde su experiencia en la Congregación que a Ratzinger le gusta escribir todos y cada uno de sus textos y que cuando habla utiliza siempre palabras nuevas, nunca expresiones vacías o gastadas. En sus discursos y textos son frecuentes los recursos a la imagen, como en su *Introducción al cristianismo*, cuando habla del papel de los teólogos y lo compara con los payasos. La *Introducción* fue publicada en Alemania, en el fatídico 1968. El relato se refiere a una historia que aparece en una de las obras del filósofo danés Soren Kierkegaard. Un circo se incendió en una localidad rural de Dinamarca. Los trabajadores circenses enviaron a avisar al pueblo a un payaso que estaba vestido y pintado, listo para salir a la escena. El payaso llegó al pueblo y comenzó a gritar para alarmar a los vecinos. Pero los paisanos pensaron que se trataba de un astuto truco, de una forma muy hábil de llamar a las gentes para que acudieran a ver el espectáculo. Niños y mayores aplaudían la «actuación» del *clown* mientras el fuego iba avanzando por el campo hacia la población. Cuanto menos le creían, más gritaba y lloraba el payaso. Lo vecinos, al ver su desesperación, aplaudían con más ganas aquella actuación tan conseguida. Cuando el fuego llegó a las casas del pueblo ya era demasiado tarde y el pueblo ardió. Ésta, decía Ratzinger, es la situación de los teólogos y del lenguaje teológico.

Aquella *Introducción al cristianismo* sigue siendo hoy su mejor obra. Para su amigo el teólogo Olegario González de Cardenal se trata de un texto sobre el contenido y sentido de la fe cristiana «en la medida en que supone una revelación divina, ofrece una verdad nutricia para la existencia humana, se prolonga actualizada en la Iglesia y abre a una promesa-esperanza de eternidad». Para González de Cardenal, Ratzinger «ha rescatado la comprensión dramática de la verdad que domina el evangelio de san Juan: la lucha de las tinieblas por entenebrecer la verdad y la acreditación de ésta en el mundo, incluso por el martirio».

Su pensamiento, escribe el vaticanista Giancarlo Zizola, está comprendido entre dos extremos: de una parte el pesimismo teológico y el desencanto sobre la historia y sobre la naturaleza que le viene de san Agustín, y por otra parte del optimismo cósmico tomado de san Buenaventura, el hombre que toma la herencia de san Francisco y, por tanto, la tarea de conciliar la utopía con la institución. Pero hay que contrastar las opiniones con otros juicios que nos aporten la riqueza de otros puntos de vista. Hay quienes han puesto a Ratzinger el adjetivo de pesimista radical.

Meter Seewald es un periodista alemán de orígenes ideológicos izquierdistas que comenzó trabajando en un perfil del entonces cardenal para terminar preparando dos libros que son fundamentales para entender el pensamiento y la personalidad de Benedicto XVI: *La sal de la tierra* y *Dios y el mundo.* «Trabajar —dice Seewald— consistía en hablar. Tenía una idea muy diferente de Ratzinger. Me fascinó porque era el crítico social más radical de nuestro tiempo. Cuando era obispo en Munich sus sermones llevaron a muchos a decir que era un apocalíptico, un pesimista enfermizo. Veinte años después, muchas de las profecías de aquel tiempo se han cumplido.» Seewald se prodiga en elogios hacia el papa, dice que es un sabio de la talla de Tomás de Aquino, y que la elección del nombre indica que su pontificado tendrá importancia política en la definición de la identidad europea.

Ratzinger en España

Desde España nos preguntamos: ¿Cómo será la relación de Benedicto XVI con nuestro país? En el caso de Juan Pablo II tuvimos una posición privilegiada. El papa vino a España cinco veces. Partíamos con ventaja porque Karol Wojtila era una gran admirador de los místicos españoles, de Teresa de Jesús y de Juan de la Cruz, sobre cuya poesía giraba su tesis doctoral. Ratzinger conoce España y ha trabajado con españoles. Ángel Rodríguez Luño nos contaba en su despacho de Roma que solía bromear a veces sobre la contundente expresión que tiene a veces el carácter hispano.

Otro de sus colaboradores, Alejandro Cifres, le define por oposición a nuestra forma de ser: «Le he visto tratar las cuestiones más graves y delicadas sin dar un puñetazo en la mesa y con una gran honestidad intelectual.» En sus visitas a España ha conocido Madrid, Toledo, Murcia o Pamplona.

La primera visita es de 1989, cuando clausuró el curso «Jesucristo hoy» con una conferencia en el Colegio Mayor Universitario de los Agustinos. No fue difícil que viniera, porque siente una gran atracción por el mundo universitario, su gran vocación. Volvería en 1993, en esta ocasión a los cursos de la Complutense, invitado por su amigo el teólogo Olegario Rodríguez de Cardenal, que ha escrito el prólogo a alguno de los libros del hoy papa

Benedicto XVI. En aquella ocasión aprovechó para visitar Toledo. En aquel viaje hubo un momento de tensión. Algunas comunidades de base expresaron su oposición contra las medidas de expulsión de seis claretianos, alejados de su orden por cooperar con la Teología de la Liberación y publicar las tesis de Pedro Casaldáliga en una revista católica española.

El 31 de enero de 1998 fue investido doctor *honoris causa* por la Universidad de Navarra. Junto a él recibían idénticos honores un farmacólogo holandés y un economista norteamericano, uno de ellos de origen judío y el otro protestante. Por eso, al teólogo Pedro Rodríguez le gusta decir que fue un acto ecuménico. Joseph Ratzinger habla español. Según el que fuera su secretario, Josef Clemens, que hoy sigue trabajando en la curia romana, aprendió nuestra lengua entre los teólogos de la liberación, porque al entonces cardenal le gustaba tratar los problemas en las lenguas originales en las que estaban planteados, para no caer en lo que Nietzsche llamó las trampas de la lengua. Por ese conocimiento de nuestro idioma, que en Pamplona leyó con un acento muy preciso, resulta extraño e incluso inexplicable que el sábado 23 de abril de 2005, en su primer encuentro con periodistas en la Sala Pablo VI, no hablara en español para los quinientos millones de fieles de la Iglesia católica, un cuarenta y cuatro por ciento del total. Su discurso saltó del italiano al alemán y del francés al inglés, para perplejidad y enfado de los periodistas hispanos.

Su última visita a España le llevó a Murcia, a la Universidad Católica, para participar en un congreso de cristología a finales de 2002. Su nombramiento como decano del Colegio de Cardenales coincide con esta visita. El presidente de la universidad, José Luis Mendoza, recuerda que le sorprendió la capacidad del teólogo para adaptar su lenguaje para que todo el mundo le entienda.

El hombre que habla con los gatos

La biografía de Benedicto XVI es sobre todo una historia intelectual, pero hay en él rasgos personales singulares de perfil humano que dibujan una personalidad sensible, que mantiene la ingenuidad y el candor de un niño. Los días posteriores al cónclave, el cardenal Tarsicio Bertone nos hablaba de algunos aspectos menos intelectuales, más poéticos o más prosaicos de Joseph Ratzinger. «Todos los días, después del almuerzo —relata Bertone— acostumbra a hacer un largo paseo. Antes iba desde su casa en la Città Leonina, cerca del Vaticano, hasta su oficina de la Santa Sede. A partir de ahora hará lo mismo, pero en los jardines del Vaticano. Saluda a todos, incluso a los gatos.»

El cardenal prosigue con una anécdota que nos revela a un Ratzinger cercano a Francisco de Asís. Cada vez que se encuentra con un gato se detiene, le saluda y habla con él. Roma está llena de estos animales, que deambulan libres y sin dueño por calles, casas y tejados. Acostumbrados a su presencia y a sus diálogos, los gatos a veces le han seguido. «En una ocasión —cuenta Bertone— se llevó hasta las puertas del Vaticano a una decena de gatos. Él caminaba y seguía hablándoles, y los gatos le seguían. Cuando llegaron a la entrada, los guardias suizos creyeron que debían intervenir para evitar aquella invasión. "Espere, eminencia", le dijeron, "los gatos están asaltando la Santa Sede". "Oh", respondió el cardenal, "hasta ahora no me habían parecido tan peligrosos".»

Todas las mañanas se le podía ver caminar desde su domicilio hasta su despacho en la Congregación, siempre a la misma hora, poco antes de las nueve, con la misma puntualidad kantiana del filósofo de Koenisberg, cuyo paso servía para poner los relojes en hora. Sus aficiones son muy normales: la montaña, la música, el ajedrez.

Quizá muchos se pregunten cómo es un día en la vida de Joseph Ratzinger, o al menos cómo lo era cuando no era papa. En *Dios y el mundo*, el libro de conversaciones con el periodista Meter Seewald del que ya hemos hablado anteriormente, dice: «Antes de levantarme rezo primero una breve oración. El día parece diferente cuando uno no se adentra directamente en él. Después vienen todas esas actividades que se realizan temprano: lavarse, desayunar. A continuación, la santa misa y el breviario. Ambos son para mí los actos fundamentales del día. La misa es el encuentro real con la presencia de Cristo resucitado, y el breviario la entrada en la gran plegaria de toda la historia sagrada. Aquí, los salmos son la pieza esencial. Aquí se reza con los milenios y se oyen las voces de los padres. Todo eso le abre a uno la puerta para iniciar el día. A continuación viene el trabajo normal.»

Otro rasgo que se repite en los comentarios sobre su vida es la austeridad. Cuando llegó a Roma, hace veinticuatro años, la administración vaticana le adjudicó un apartamento provisional en la llamada Città Leonina, en el Borgo Pio, un barrio situado a la derecha de la Via della Conciliazione, detrás de la muralla que une el Vaticano con Castel Sant'Angelo.

Se trataba de una vivienda más bien pequeña, donde se instaló con su cargamento de libros, que ocupan prácticamente las tres habitaciones de la casa. Cuando meses después le dijeron que tenían para él una vivienda más grande y espaciosa, contestó que se encontraba muy bien instalado en su casa y no tenía intenciones de cambiar. Sus vacaciones las pasa en Baviera, en la casa familiar, o en Bresanone, en el Tirol italiano, en un seminario que durante el verano se ofrece para que sacerdotes o familias católicas con pocos recursos pasen algunos días de vacaciones. Vittorio Messori recuerda los tres días que le dedicó, en agosto de 1984, para grabar la entrevista que luego se convertiría en uno de sus libros más importantes y difundidos, uno de los que más escoció en los círculos progresistas: *Informe sobre la fe*. «Me encontré con un cardenal de maneras aristocráticas intelectuales, nada que ver con el retrato que han fabricado de él. El Ratzinger de la realidad, no el del mito, está entre los hombres más bondadosos, comprensivos, cordiales y tímidos que he conocido.»

A Messori le llamó la atención su austeridad: «A media tarde, las monjas del seminario nos servían un vaso con chocolate o té y excelentes bizcochos o tartas hechas por ellas. Yo me servía con gusto, pero el cardenal sólo pedía un vaso de agua que tomaba a pequeños sorbos.»

Ratzinger tiene también algún punto débil: solo toma zumos de fruta, naranjada y limonada, y de vez en cuando alguna cerveza, bebida que, como buen bávaro, prefiere al vino. Pero adora los dulces, en especial el chocolate. El cardenal Bertone cuenta que cuando la gobernanta que ordena y tiene a punto su casa se ausenta por problemas de familia o por cualquier otro asunto, Ratzinger solía ir a comer a su casa. «Todo muy sencillo —dice Bertone—, no le gustan las cosas especiales. Pero siempre llegaba con un paquete, con chocolatinas o algún dulce. La primera vez que le dije: "Eminencia, esto no está bien, porque luego me tengo que poner a dieta", él me explicó: "Mire, no lo hago por usted sino por mí. Cuando era niño mi madre me enseñó que cada vez que en la mesa yo o mis hermanos ensuciábamos la servilleta debíamos pagar como castigo un caramelo o un dulce. Como no consigo terminar de comer sin manchar la servilleta me traigo siempre algo para seguir cumpliendo mi pequeña penalización.»

Hay otras personas que han estado cerca del cardenal Ratzinger en los últimos años. Una de ellas es Ingrid Stampa, la mujer encargada del servicio en la vivienda del cardenal. Ha sido hasta ahora la gobernanta de su casa en el Borgo Pio. Tiene cincuenta y cinco años y le atiende desde hace catorce, desde que muriera su hermana. Su amada hermana murió en 1991, el Día de Difuntos, y ante la tumba de sus padres. Fue uno de los golpes más duros de su vida. Ingrid le atiende desde entonces. Era profesora de música en Hamburgo. Confiesa que el martes 19 corrió a la plaza sin poder creer lo que estaba viendo en la televisión y no reconoció al cardenal hasta que unos amigos alemanes le dijeron que el elegido era Ratzinger. Ingrid estaba convencida de que no le iban a elegir: «Cuando uno quiere bien a una persona no le desea que le encarguen misiones tan duras y difíciles.» Conoce bien sus capacidades. Dice que es un hombre bueno, generoso y humilde. Toca el piano y está dotado de una cultura universal. ¿Sus gustos en la cocina? Sencillos. Le gusta la comida romana pero aprecia la bávara, el *strudel* y los *knodel.*

El que no faltó a la ceremonia multitudinaria de su «coronación» fue su hermano Georg. Allí estaba el 24 de abril de 2005, en la plaza de San Pedro, asistiendo a la misa de entronización de Benedicto XVI, su propio hermano, más serio de lo que cabría esperar, seguro que preocupado por su salud, y protegido por unas gafas de sol. «Para mí seguirá siendo Joseph, o incluso Giuseppe, que era como le llamaba a veces, en broma.» Georg tiene ochenta y un años. Cuando su hermano fue elegido dijo en seguida que él le había deseado que no recayera sobre sus espaldas tamaño peso. Georg teme por su salud. Piensa que con setenta y ocho años su hermano se puede quebrar. Quizá tema la fragilidad de Joseph, que ya sufriera un ictus, y quizá se acuerde de la muerte del padre, que perdió la vida a consecuencia de una apoplejía. Él le ve como hermano antes que como papa, y espera poder seguir hablando por teléfono dos o tres veces por semana, aunque no está muy seguro. Los hermanos Ratzinger residen oficialmente en Ratisbona desde hace 35 años, en una modesta casa blanca en la periferia de Pentling. Aquí solía viajar Joseph para descansar de sus tareas y visitar la tumba de sus padres y de su hermana en el cementerio local. Georg recuerda también los paseos hasta la catedral de Ratisbona, donde dirige una escolanía, la Regensburger Domspatzen.

A todos los que hemos preguntado han subrayado su

capacidad de escuchar y su humildad. «Estoy seguro —dice Bertone— que cuando se asome a la ventana que durante tanto tiempo ha sido la de Juan Pablo dirá: "Estoy aquí indigno sucesor del amadísimo Juan Pablo II. Ayudadme a mantener el timón de la nave de la Iglesia hacia el horizonte que él nos ha marcado: Juan Pablo II nos ha indicado a la humanidad el camino de la salvación; Cristo resucitado."»

De Joseph Ratzinger a Benedicto XVI

La mayor parte de los cardenales del Colegio han expresado su sorpresa por la elección del nombre. No se lo esperaban. Algunos pensaban en un gesto de continuidad, en un Juan Pablo III, o en el enlace con una tradición más cercana. Sin embargo, Benedicto es un nombre bastante común entre los papas, y es la denominación de un pontífice que gobernó la Iglesia en tiempos difíciles de guerra entre 1914 y 1922. Con la elección de Ratzinger, Benedicto se convierte, con dieciséis pontífices, en el segundo más repetido, por detrás de Juan (23) y empatado con Gregorio (16). El último Benedicto fue Giacomo della Chiesa, elegido después de Pío X. El primero era de origen romano, y aunque se sabe poco de su vida, se tiene constancia de que fue papa entre los años 575 y 579.

Benedicto XV pasó a la historia como el papa de la paz, pero es también uno de los pontífices menos conocidos del último siglo. Al elegirlo, Ratzinger envía señales al mundo y a la Iglesia. A su antecesor le tocaron malos tiempos, años de «duro invierno». Su experiencia como diplomático le sirvió para darse cuenta de los límites de la acción de la diplomacia clásica. Enfrentado a las grandes potencias, condenó la «inútil matanza» de 1917. De su pontificado han quedado también el Código de Derecho canónico y un impulso decidido por las misiones, sobre todo en China. Ese enlace con la tradición ha hecho pensar en un impulso del nuevo pontífice para mejorar las relaciones con la República Popular, una de las grandes asignaturas pendientes, un país nunca visitado por un pontífice y en el que la Iglesia católica tiene graves dificultades. China tiene hoy una Iglesia oficial no reconocida por el Vaticano y otra que opera en situación precaria, sometida al acoso permanente de las autoridades chinas. Las relaciones diplomáticas han sido siempre difíciles y plagadas de incidentes.

Benedicto XV fue también uno de los dos papas que durante el siglo pasado fueron investigados por el Santo Oficio, y precisamente por modernismo. Giacomo della Chiesa, apodado «*il Piccolo*» (por su estatura), fue sin embargo un papa valiente que se opuso con todas sus fuerzas a la división de Alemania después de la primera guerra mundial, cuando la diplomacia francesa quería romper el país en dos: una parte en el sur para los católicos y una en el norte donde dominarían los protestantes. Benedicto XV dio instrucciones al nuncio Pacelli de que evitase cualquier gesto que pudiera hacer pensar que la Santa Sede estaba a favor de aquella maniobra. Una de sus frases célebres en aquellos años de guerras crueles fue: «Con la paz no se pierde nada, con la guerra se puede perder todo.»

Pero no fue comprendido. Todos sus llamamientos a la paz fueron rechazados. Franceses y alemanes le despreciaron. Sin embargo, sus esfuerzos dejaron un legado a la Iglesia. El historiador Vicente Cárcel apunta que fue en aquel tiempo cuando «la Iglesia se convirtió en la única religión organizada capaz de hablar directamente con los Estados, porque ninguna otra se había preparado para intervenir en la vida internacional como ella». Fue el papa que canonizó a Juana de Arco el 16 de mayo de 1920. De sus textos destaca la primera encíclica que firmó. Fue una crítica al racismo, el nacionalismo y el socialismo. Fue un pontificado corto pero marcó la frontera entre dos mundos, los de antes y después de la primera guerra mundial.

Benedicto también porque Ratzinger se siente muy unido a san Benito de Norcia, declarado por Pablo VI patrón de Europa. La orden por él fundada, los benedictinos, tuvieron una importancia capital en la evangelización de Europa. La elección de su nombre indica también que desde la misma manera que Wojtila asumió la tarea de abrir las puertas del Este para la Iglesia católica, Benedicto XVI emprende la tarea de evangelizar a un continente sumido en la crisis y que ha renunciado a su identidad. San Benito nació en el año 480, en Norcia, una pequeña ciudad de la Umbría, en el centro de Italia. Los monjes de la orden que fundó no sólo preservaron la sabiduría de la antigüedad clásica sino que transformaron la civilización a través del conocimiento de la Biblia. Como apunta George Weigel, el resultado de la fusión entre Jerusalén, Atenas y Roma fue lo que hoy conocemos como Europa o, más bien, como Occidente.

A la pregunta de cómo será Ratzinger como Benedicto XVI se ha contestado de muchas formas. Sabemos cómo ha sido el cardenal a la hora de defender la fe. González de Cardenal cree que a la hora de intuir cuál será su papel como pontífice hay que tener en cuenta que «el hombre configura la misión asumida, pero la misión asumida configura al hombre. Otra responsabilidad y otro horizonte de Iglesia y del mundo ensancharán su mirada, sus decisiones y su magnanimidad». El rostro del nuevo papa todavía no lo hemos visto. Se va manifestando en gestos, en actitudes, en sus primeras palabras, en la primera misa en la Sixtina, la mañana siguiente a la elección, en el encuentro posterior con los cardenales o en el primer diálogo con los periodistas, en la misa de entronización y en sus primeras apariciones públicas, en las calles de su barrio, el Borgo Pio, cuando fue a ordenar que recogieran sus cosas para trasladarse a su apartamento en los palacios Apostólicos. El rostro del nuevo pontífice es quizá el de un hombre que habla al corazón a la vez que al intelecto, que busca la interioridad y las conciencias.

CAPÍTULO 6

Un programa para tiempos difíciles

La mañana del 20 de abril de 2005, Joseph Ratzinger madrugó más que de costumbre. Es un hombre de horarios estrictos. La fragilidad de su salud le aconseja acostarse pronto, nunca más tarde de las doce. Por la mañana madruga. Se levanta en torno a las seis. Pero esa noche, en la que volvió a dormir junto al resto de los cardenales en la Casa de Santa Marta, la pasó casi en vela, preparando la homilía en latín que pronunciaría en la misa de la mañana siguiente, en la capilla Sixtina.

Lo primero que hará esa mañana después de desayunar es acercarse al que ya no es su lugar de trabajo, la sede de la Prefectura de la Congregación para la Doctrina de la Fe, la más importante de la administración vaticana. Hubo un tiempo en la Santa Sede en que la Doctrina de la Fe estaba por encima de la Secretaría de Estado. El papa Pablo VI cambió el orden jerárquico e hizo depender todas las congregaciones de la Secretaría de Estado, encargada desde entonces de recibir los informes de las prefecturas. El secretario de Estado de aquella época fue el encargado de comunicar a los prefectos la noticia, con una reflexión que era toda una declaración de principios: «Antes mandaba la verdad de la fe, a partir de hoy lo que gobierna es la realidad de la política.»

Ratzinger volvió por unos minutos a su antiguo despacho para despedirse del escaso grupo de colaboradores que trabajaban con él desde que llegó a Roma. Es sorprendente cómo un organismo que se encarga de los asuntos fundamentales del Vaticano está administrado apenas por una treintena de funcionarios. Por esas manos pasan los expedientes más delicados, los que provocan más páginas en los periódicos, más disputas teológicas. Son tan pocos que nadie se encarga de la comunicación. En este mundo en el que instituciones y organismos piensan en seguida cómo dulcificar y hacer mas seductoras sus ideas, la Congregación de la Doctrina de la Fe nunca se ha ocupado de cómo transmitir su trabajo al mundo.

Ahora el mundo escruta sus primeros pasos como Benedicto XVI, explora sus documentos en busca de intenciones. Dicen que los papados cortos están llenos de sorpresas, que los pontífices que tienen poco tiempo para reinar se dan prisa en abrir reformas, porque además son espíritus libres, sin hipotecas. Es posible. En sus primeras intervenciones, el papa Benedicto ha citado ya unas cuantas frases de Juan XXIII, sobre todo una en la homilía de la ceremonia de entronización, una sola frase dicha ante millones de personas, ante los jefes de Estado y de gobierno que asisten a su primera gran misa, ya con el palio y el anillo del pastor: «La Iglesia es joven y está viva.»

En el despacho de Joseph Ratzinger quedan los documentos en los que trabajaba cuando la muerte del papa le obligó a suspender su actividad como prefecto para dedicarse de lleno a la de decano del Colegio de Cardenales. Por aquellos días de marzo, el teólogo estaba inmerso en varios textos que implicaban reformas. El primero es un documento sobre la situación de los divorciados que se han vuelto a casar. Atrás quedan las polémicas con el presidente de la Conferencia Episcopal alemana. Karl Lehman era partidario de administrar la comunión a los divorciados, mientras que la Santa Sede decretaba que no fueran admitidos en el sacramento de la comunión aunque se hubieran casado de nuevo. Ahora, Ratzinger sería partidario de corregir esa actitud: muchos divorciados, argumentaría en ese documento, no tienen culpa de haber sido abandonados por sus cónyuges. Solución pastoral para un problema teórico.

El segundo de esos documentos en los que trabajaba implicaría el retraso de la jubilación de los obispos, de los setenta y cinco años, edad que a muchos les parece temprana, a los ochenta. Los obispos argumentaban que si los cardenales pueden votar hasta los ochenta años, por qué ellos tenían que abandonar sus funciones a los setenta y cinco. Hay un tercer cuerpo de textos en los que estaría trabajando y que le habrían servido para redactar con compromisos concretos su primer discurso pontifical. Son los documentos ecuménicos, uno sobre el ejercicio del primado de Roma y uno más sobre la naturaleza divina de Cristo.

El legado de Juan Pablo II

Esas tres líneas de trabajo encajan en los grandes trazos del legado de Wojtila. Desde mucho antes de su muerte, el mundo tenía claro que el próximo pontífice tendría una tarea difícil y compleja. ¿Por qué? El papado de Wojtila había sido un pontificado volcado hacia el mundo exterior, hacia las últimas fronteras del mundo católico. Desde que llegara a Roma en octubre del 78, al papa le molestaron las estrechas fronteras de las murallas vaticanas. Comenzó a viajar, hasta completar varias vueltas al mundo y visitar ciento treinta países en un ejercicio del apostolado que dejaba exhaustos a todos sus colaboradores.

Wojtila se convirtió en un misionero. Su mundo era una parroquia global, el contacto con los fieles, el diálogo con las multitudes. Juan Pablo II se volcaría desde la primera hora en el magisterio. Como le dijo en una ocasión a Paloma Gómez Borrero: «Yo quiero ser el barrendero de Dios, para barrer los caminos y dejar paso libre a su palabra.» En su tiempo al frente de la Santa Sede se ha hecho evidente un esfuerzo de contención de las disidencias y de las reclamaciones de cambios reformistas. En la Iglesia se puede observar un deseo de cambio, de que la relación de las Iglesias locales no pase de una forma tan estrecha por Roma.

Luigi Accattoli dirá que el de Wojtila fue un papado grande en el mensaje pero modesto en el gobierno. En su acción misionera ha sido audaz. Ha predicado el Evangelio y lo ha traducido en mensajes de paz, de unidad de los cristianos, de reconciliación, en un mensaje de perdón, de denuncia de las guerras y de la opresión económica. El papa Wojtila levantó la voz contra el comunismo, pero también contra el capitalismo, contra el terrorismo, contra la mafia criminal.

Entre las reformas que quizá no pueden esperar hay los mecanismos de acuerdo entre centro y periferia (Sínodo de los obispos, consistorios extraordinarios, competencias de las congregaciones romanas y de las conferencias episcopales); los procedimientos para el nombramiento de los obispos, y el papel de los laicos y de las mujeres en la Iglesia.

Pero más allá de las reformas existen exigencias para poner en practica revisiones disciplinarias y de lenguaje igualmente esperadas: el trato que hay que dar a los divorciados que se han vuelto a casar, la posibilidad de admitir el sacerdocio de hombres casados, el anuncio del evangelio a los homosexuales y la moral sexual y matrimonial. Las reformas son necesarias, pero plantean el debate sobre la capacidad de mantener la unidad en la Iglesia. En el gobierno hacia fuera, el papa tenía una gran libertad, pero en el gobierno hacia dentro estaba en manos de la curia. Antes de que Ratzinger fuera elegido se manejaba la idea de que el próximo papa sería menos libre hacia fuera pero dejaría menos autonomía a la curia.

El mundo ha amado a un papa humano, que reía, que lloraba, que sufría en público, a la vista de todos, que era capaz de enfadarse y levantar la cruz o de gritar a la mafia siciliana que pidiera perdón. No se trata sólo de novedades gestuales o de estilo. Wojtila se situó frente al mundo con una intensidad desconocida en sus predecesores. Su gran aportación al pontificado ha sido la forma de ejercer el primado de Roma y la audacia con la que llevaba a cabo sus iniciativas. Ha sido el primer papa que ha entrado en iglesias protestantes y ortodoxas, en una sinagoga y en una mezquita. Ha convocado tres veces en Asís —1986, 1993 y 2003— a las Iglesias cristianas y a las religiones mundiales para ayunar y rezar por la paz. Sobre estas pautas, ecuménicas, interreligiosas y de cercanía a la humanidad, su obra deberá ser continuada porque responde fielmente a las indicaciones del Vaticano II.

Joseph Ratzinger, fiel a su costumbre, redactará de su puño y letra la homilía de la Sixtina. El texto supone todo un programa para su pontificado. Quienes quieran saber las prioridades del primado de Roma sólo tienen que repasar lo que dijo esa mañana, o lo que manifestó en la homilía de la misa de entronización, cuando recibió el palio y el anillo del pastor. El recuerdo del papa Wojtila y la referencia constante al Concilio Vaticano II serán las dos constantes de la primera homilía. En la solemnidad de la misma capilla en la que fue elegido, Ratzinger comienza por reconocer que en su ánimo conviven las dos emociones que experimentó en el momento de la elección: se siente turbado por la responsabilidad y agradecido. Ratzinger se remite a aquel «*Non abbiate paura*» («No tengáis miedo») que Juan Pablo II pronunció en su primer mensaje como pontífice. Y a partir de aquí comienza a desgranar los puntos más importantes, las cuestiones pendientes: la colegialidad, las relaciones con los ortodoxos, el diálogo con las otras culturas y con las religiones, con los no creyentes.

Es fácil encontrar el hilo de su discurso y subrayar los puntos clave. Su texto es claro, nítido, se entiende a la primera. Ratzinger valora el legado de Juan Pablo II: «Nos ha dejado una Iglesia más valiente, más libre, más joven. Una Iglesia que mira con serenidad al pasado y no tiene miedo del futuro.» Los primeros vocativos del discurso se dirigen a los cardenales. Ratzinger aborda una de las cuestiones pendientes: la colegialidad. Desde antes de la muerte de Juan Pablo II se sabía que el reto más importante que tendría su sucesor sería el de conjugar la unidad de la Iglesia con la autonomía de las Iglesias locales.

El gobierno colegial

Benedicto XVI, como demostró en su periodo al frente de la Congregación de la Doctrina de la Fe, no será un hombre que eluda los problemas. Ya una de las primeras referencias de su discurso trata del viejo problema de la colegialidad. Según el teólogo dominico Yves Congar, la colegialidad fue la palabra central en el Concilio Vaticano II. Se trata de una palabra extraña para quien no esté familiarizado con el lenguaje eclesiástico. Es «el carácter y la naturaleza colegial del orden episcopal». Si Pedro y los apóstoles forman un único colegio apostólico, por las mismas razones están unidos entre sí el romano pontífice, sucesor de Pedro, y los obispos, sucesores de los apóstoles. La colegialidad es teológicamente el lugar, la base y la estructura del mismo ministerio papal.

Para desarrollar esa colegialidad nace, del Concilio Vaticano II, el Sínodo de los obispos. El Sínodo es la forma de expresar ese gobierno compartido, una vez terminado el concilio. Colegialidad significa por tanto dar poder a los obispos, es decir, dejar que sean obispos, e implica también el principio de subsidiariedad: que las decisiones se tomen en los escalones más bajos de las instituciones, por instancias que conocen las situaciones locales.

El asunto es tan importante que el cardenal Danneels dijo en el consistorio de mayo de 2001 que se trata de la primera cuestión en la agenda de la opinión pública. El principal escollo para admitirla y desarrollarla vuelve a ser algo que ha provocado divisiones internas y alejamiento con las otras Iglesias cristianas: la declaración de infalibilidad papal del Concilio Vaticano I.

En los últimos años se ha visto crecer dentro de la Iglesia un movimiento de respuesta al centralismo del poder del pontífice. Se han multiplicado, sobre todo en Europa, los movimientos populares que promueven la reforma. En 1995, medio millón de católicos austriacos firmaron un manifiesto que pide democracia interna en la Iglesia, más poder para las parroquias y el final del celibato obligatorio para los sacerdotes. Algo similar sucede en Alemania, donde los promotores de la campaña «La Iglesia somos nosotros» recogen un millón de firmas con las mismas peticiones: que las parroquias entren en el proceso de toma de decisiones, que se suprima el celibato obligatorio y que se abra el sacerdocio a las mujeres.

La cuestión llegó abierta a las discusiones del precónclave. La colegialidad es una palabra que aparece en muchas conversaciones. La reclaman cardenales reformistas, como Martini, Silvestrini, Lehmann, Kasper, Danneels, O'Brien, pero también purpurados de la parte conservadora, como el arzobispo de Dublín Connell o el sirio Daoud. Una reforma del poder de la curia romana, del poder del papa y del de los obispos y conferencias episcopales es uno de los primeros empeños de la mayoría de las diócesis del mundo, que no se sienten representadas por un organismo como el Sínodo, que sólo funciona como instancia de consulta. Sin embargo, el Sínodo nunca podrá ser una instancia deliberativa de la Iglesia porque no está contemplado en la constitución divina de la Iglesia.

Es interesante destacar cómo la colegialidad es un asunto en el que los dos alemanes mas poderosos en la curia antes la elección de Ratzinger han mantenido grandes diferencias. Ratzinger y Kasper han alimentado desde su profundo conocimiento un debate sustancial. El cardenal Walter Kasper dirige el Consejo Pontificio para la Unidad de los Cristianos. Los dos vienen de Tubinga, los dos han mantenido serias disputas teológicas con Hans Küng, los dos fundaron la revista *Communio*, como alternativa a *Concilium*, dominada por Küng y sus aliados progresistas. Pero entre ellos han sostenido grandes debates. El corazón de su desacuerdo está en las relaciones entre la Iglesia local y la Iglesia universal. Ratzinger piensa como teólogo que la Iglesia es universal antes que local, porque fue fundada por toda la humanidad antes de que tomara formas locales en Jerusalén, en Antioquía, en Damasco o en Corinto. Para Kasper, las dos están intrínsecamente relacionadas, tanto que no se puede decir cuál, local o universal, fue la primera. Es una disputa que puede parecer técnica, pero tiene una gran importancia. La visión de Kasper implica una mayor descentralización. Para Kasper, los obispos no son delegados del papa sino representantes directos de Jesucristo. La polémica se ha mantenido en un ámbito discreto: un incesante cruce de cartas.

Los menos convencidos de ese camino piensan que la dependencia del papa es mejor que la de los gobiernos locales, y argumentan que la Iglesia oficial china es autónoma respecto a Roma, pero dócil con el gobierno comunista de Pekín. Y hay también quien piensa que un papa fuerte es esencial en un tiempo de fuerzas centrífugas. El historiador del cristianismo Jean Delumeau se ha preguntado si una Iglesia centralizada no está más expuesta y destinada a una implosión: «La historia demuestra que en un primer tiempo los poderes fuertes se benefician muy a menudo de un estado de gracia entre la opinión publica. Pero después viene la erosión... ¿Corre ahora la Iglesia católica este riesgo?» Y su respuesta es clara: «El pasado demuestra que no.»

Pero Delumeau añade otro peligro, el de que las obstinaciones de la cúpula y el desánimo de la base terminen por convertir a la Iglesia en una minoría, en un grupo con comportamientos de secta. Ratzinger es muy sensible a esta posibilidad. Siempre ha buscado, y es seguro que en su misión como papa lo seguirá haciendo, vías de comunicación con la sociedad, con el mundo de la cultura y con el mundo de la ciencia, que eviten por todos los medios que la Iglesia se convierta en una especie de gueto, un mundo cargado de autorreferencias, aislado de la realidad.

John Allen recuerda que algunas conferencias episcopales, como la de Estados Unidos, han evolucionado y han publicado documentos conjuntos de todos los obispos, como «El don de la paz» o «Justicia económica para todos». Esas iniciativas han despertado recelos en el Vaticano y la curia les ha recordado que el magisterio debe tener el permiso de Roma. En el fondo subyace el temor de que los obispos o las conferencias episcopales puedan emitir textos que en algún momento no estén de acuerdo con la doctrina del papa.

Ese centralismo afecta también a los teólogos que piensan que su labor es investigar en las Escrituras, y que creen que, en bien de la Iglesia, deben ser capaces de dar sus propios puntos de vista, sobre todo en materias que no han sido tocadas por la protección de la infalibilidad papal. Las relaciones entre los teólogos y Roma atraviesan hoy una de sus fases más duras y críticas. El número de teólogos investigados, silenciados o apartados de la enseñanza es hoy más alto que el de los que pasaron por ese trance durante la crisis modernista de principios del siglo XX. Un jesuita al que hemos citado en varias ocasiones en este libro, el norteamericano Thomas Reese, advierte que «si la brecha continúa en este nuevo siglo, la Iglesia será incapaz de ofrecer respuestas creativas a las nuevas necesidades y a las nuevas oportunidades, y sólo podrá ofrecer fórmulas viejas para problemas nuevos. Si el papado sigue perdiendo credibilidad en la comunidad intelectual, el cisma puede ser la desastrosa consecuencia».

En 1995, un anciano Franz König declaraba al diario francés *Le Monde*: «Veo tres campos en los que no se ha avanzado lo suficiente: la colegialidad, el ecumenismo y el apostolado de los laicos. Asistimos a una vuelta a los reflejos de miedo, sobre todo en el Vaticano, donde se teme que la Iglesia pierda su unidad. Los despachos del

Vaticano han acaparado la colegialidad, que debería haber sido el privilegio de los papas y de los obispos.» John Quinn, arzobispo de San Francisco, dice que «la colegialidad no existe en el sentido amplio si los obispos se muestran recipientes pasivos ante las órdenes e iniciativas del papa. Los obispos no son sólo *sub Petro*, son también *cum Petro*».

Está por ver qué rumbo seguirá el nuevo pontífice en este tema. Sus puntos de vista como teólogo han quedado muy claros. Pero también es verdad que en la misa de entronización dijo que no ha sido elegido para imponer sus ideas sino para escuchar el camino que le marque Dios. Benedicto XVI aludió al problema de la colegialidad en los primeros párrafos de la homilía en latín que pronunció en la capilla Sixtina al día siguiente de ser elegido. «A vosotros, cardenales, con el agradecimiento por la confianza que me habéis demostrado, os pido que me ayudéis con vuestra oración y con vuestra constante y sabia colaboración. Pido también a todos los hermanos del episcopado que estén cerca con sus oraciones y con sus consejos para que pueda ser verdaderamente el *Servus servorum Dei*. De la misma forma que Pedro y los apóstoles formaron un único colegio apostólico por voluntad del Señor, de la misma forma el sucesor de Pedro y los obispos, sucesores de los apóstoles, deben estar estrechamente unidos. Esta comunidad colegial, en la diversidad de las funciones y del romano pontífice y de los obispos. Está al servicio de la Iglesia y de la unidad en la fe [...] Sobre este camino por el que han avanzado mis predecesores es por el que quiero seguir, preocupado únicamente de proclamar al mundo entero la presencia viva de Cristo.»

«La unidad de los cristianos»

Hay otro capítulo crucial, quizá de la misma o incluso mayor importancia y relevancia que el primero. Karol Wojtila murió sin cumplir la que interpretó como una de las misiones más importantes de su pontificado: la unidad de los cristianos. A ese empeño dedicó toda una encíclica. Dio pasos de gigante en el diálogo con los ortodoxos, pero no tan rápidos ni tan significativos como hubiera querido. Las resistencias fueron rocosas, y la negativa del patriarca de Moscú para que visitara la capital rusa le dejó un poso amargo de decepción.

Benedicto XVI viene a cumplir el sueño de su predecesor. Y su ofensiva en este terreno puede ser decisiva, quizá la apuesta más ambiciosa de su tiempo. En su primera homilía, Ratzinger invita a purificar la memoria, insiste en la senda del perdón que abrió Juan Pablo II, y habla de una Iglesia que quiere seguir la luz de Cristo.

«Alimentados y sostenidos por la eucaristía, los católicos no podemos no sentirnos estimulados a buscar la plena unidad que Cristo ha auspiciado ardientemente en el cenáculo. El sucesor de Pedro tiene que encargarse de este supremo anhelo divino, de un modo muy especial. A él de hecho ha sido confiada la tarea de confirmar a los hermanos. Con plena consciencia, por tanto, desde el inicio de su ministerio en la Iglesia de Roma que Pedro ha regado con su sangre, el actual sucesor asume como compromiso primero el de trabajar sin ahorrar energías por la reconstrucción de la plena y visible unidad de todos los seguidores de Cristo. Ésta es su [mi] ambición, éste es su deber. [...] para esto no bastan las manifestaciones y los buenos sentimientos. Hacen falta gestos concretos que lleguen a las almas y muevan las conciencias, solicitando a cada uno aquella conversión interior que es el presupuesto de cada progreso en el camino del ecumenismo. [...] Lo que es más urgente es la purificación de la memoria, tantas veces evocada por Juan Pablo II, que puede preparar las almas para acoger la plena verdad de Cristo.» Y en otro momento añade: «Al emprender su ministerio, el papa sabe que su deber es hacer que resplandezca ante los hombres y ante las mujeres la luz de Cristo: no la luz propia, sino la luz de Cristo.»

En este párrafo se observan ya algunos matices entre lo que fue Ratzinger y quien es hoy Benedicto XVI. En esos detalles, en ese insistir en la referencia a la luz de Cristo y no a la luz propia se puede intuir un atisbo, una oferta de reforma del ejercicio del primado de Roma, un mensaje para los ortodoxos pero también para los seguidores de la reforma luterana. El propio Wojtila dejó marcado el camino. En la encíclica *Ut Unum sint* de 1995, el papa reconoce que «ésta es una tarea inmensa, que no podemos rehusar, y que yo solo no puedo llevar a cabo. ¿Podría, no la real, sino la imperfecta comunión que existe entre nosotros, persuadir a los líderes de las Iglesias y a sus teólogos, que se unan conmigo en un paciente y fraternal diálogo en el cual, dejando atrás controversias inútiles, podamos escucharnos unos a otros, teniendo en cuenta la única voluntad de Cristo para su Iglesia?». En este llamamiento a los hermanos ortodoxos, Juan Pablo II estaba reconociendo que buscaba una nueva forma de ejercer el papado. Esa carga de la que habla implica un ministerio que tiene a su cargo a más de mil millones de católicos, y que mantiene la misma estructura que hace un siglo, cuando los católicos no llegaban a trescientos millones. En el discurso ante los cardenales en el consistorio del 22 de febrero de 2001, Wojtila pidió su colaboración para desarrollar una tarea que «se ha vuelto muy fatigosa para un hombre solo».

En *Rapporto sulla Fede*, el cardenal Ratzinger se refería a la unión con los ortodoxos como un largo camino: «Aquellas Iglesias tienen un magisterio auténtico pero estático, como bloqueado: siguen fieles a la tradición del primer milenio cristiano, a la vez que rechazan todos los desarrollos sucesivos porque los católicos habríamos actuado sin su consentimiento. Para ellos, en materia de fe, sólo puede decidir un concilio de verdad ecuménico, por tanto ampliado a todos los cristianos. Juzgan inválido todo lo que ha sido declarado por los católicos después de la división: en la práctica están de acuerdo con buena parte de lo que ha sido establecido, pero lo consideran limitado a las Iglesias que dependen de Roma, no es una norma para ellos.» Los ortodoxos no aceptan que el obispo de Roma, el papa, pueda ser el principio, el centro de la unidad de una Iglesia universal entendida como comunión.

En *Dios y el mundo*, el teólogo añade algunos elementos a la reflexión sobre cómo debe ser la unidad: «La unidad de los cristianos no puede realizarse gracias a un golpe político o a una espada que corte el nudo gordiano. Se trata de procesos vivos, y ni el papa ni el Consejo Mundial de las Iglesias pueden decir sin más: "¡Queridos amigos, lo haremos así!" La fe es algo vivo y profundamente arraigado en cada individuo y está justificada en Dios. El papa, ya lo hemos dicho, no ejerce un poder totalitario o absolutista, sino que es siervo obediente de la fe. [...] La fe es algo vivo, en ella nos hemos confiado al Señor, y no puede desembocar en una fórmula fruto de manipulaciones políticas.»

Diálogo con los judíos

Uno de los primeros mensajes de Benedicto XVI es para el pueblo judío. No es casual. Alemania ha visto en la elección de Ratzinger una piedra más del perdón al pueblo masacrado en el genocidio nazi, una oportunidad de seguir caminando en la redención de la culpa. Los primeros mensajes que han llegado desde Jerusalén tienen el tono de los saludos cordiales. En otro tiempo, un papa alemán hubiera sido un imposible. Con sus primeros gestos, Benedicto XVI no hace sino seguir los pasos de Karol Wojtila, que el 13 de abril de 1986 cruzó el Tíber para rezar en la sinagoga de los judíos romanos y abrazar a Elio Toaff, rabino mayor de Roma. Fue entonces cuando el papa, que había jugado de niño con sus vecinos judíos, los llama «nuestros hermanos mayores».

El 26 de marzo de 2000 se acerca al Muro de las Lamentaciones y pide perdón por las culpas históricas de los cristianos. Algunas tienen. Entre otras, están las de los papas que amurallaron el barrio judío de Roma, decretaron el toque de queda e inventaron el signo identificador de los judíos: la estrella amarilla en sus trajes que luego copiarían los nazis. El 7 de abril de 2005, cuando se abre el testamento, el papa Wojtila cita sólo a dos personas en ese texto: Elio Toaff y su secretario personal Dziwiczs. El primer mensaje del nuevo papa va dirigido al rabino de Roma y le dice así: «Confío en la ayuda del Altísimo para continuar el diálogo y reforzar la colaboración con los hijos y con las hijas del pueblo hebreo. Vaticano, 20 de abril de 2005. Benedictus XVI.» El primer gesto de Ratzinger como Benedicto XVI será un mensaje para el nuevo rabino, el sucesor de Toaff: Ricardo di Segni. Y el rabino le contesta de prisa que valora la importancia del primer gesto hacia ellos.

Hace tres años, en 2002, gracias a la iniciativa de Andrea Riccardi, fundador de la Comunidad de San Egidio, Ratzinger y Segni se encontraron en una cena. El encuentro duró tres horas. Di Segni considera a Ratzinger un «gigante del pensamiento», un juicio que tiene otro valor cuando uno recuerda la enorme sobriedad retórica del rabino romano.

Las otras religiones

Otro de los asuntos de los que ha tratado con asiduidad en los últimos años ha sido el de las otras religiones. En su homilía de inicio del pontificado hay un llamamiento al resto de las creencias para un diálogo sincero. En *Fede, verità, tolleranza*, una obra publicada en 2003, Ratzinger habla del islam como la religión «que está en condiciones de ofrecer una base espiritual válida para la vida de los pueblos, una base que parece que ha huido de la vieja Europa». El teólogo ve cómo las antiguas religiones de

Asia se elevan como potencias espirituales frente a una Europa que reniega de sus fundamentos religiosos. En *Dominus Iesus*, instrucción de la prefectura firmada en agosto de 2000, se dice que «las diferentes tradiciones religiosas ofrecen elementos de religiosidad que proceden de Dios y que forman parte de la obra del espíritu en el corazón de los hombres y en la historia de los pueblos». El cardenal añade en este texto su polémica afirmación sobre la voluntad de Cristo de que la Iglesia fundada por él fuese el único camino de salvación. El texto reconoce también que la Iglesia considera al resto de las religiones en el mundo con sincero respeto, pero excluye radicalmente la mentalidad contaminada de relativismo que dice que todas las religiones tienen el mismo valor

Ratzinger se ha mostrado siempre muy crítico con otras formas de religión y con las desviaciones de la llamada *New Age*. Basta darse una vuelta por las librerías de Roma para comprobarlo. La cubierta de uno de los libros de Anthony de Mello llevan un fajín rojo con esta leyenda: «Las posiciones del autor son incompatibles con la fe católica y pueden provocar graves daños.» A uno le recuerdan las leyendas de los paquetes de cigarrillos. La editorial Piemme no quería renunciar a los beneficios de la venta de los libros de De Mello y ha tenido que poner esta advertencia de los riesgos doctrinarios de sus textos. El jesuita de Bombay, autor de *Mensaje para una águila que se cree un pollo*, había iniciado un camino de influencias budistas y taoístas pero dentro de la espiritualidad cristiana. Más adelante entrará en contradicción con la doctrina de la fe cuando reduce la revelación a una mera intuición de Dios sin forma ni imagen, para terminar concluyendo que el Dios de los católicos no es el único. El caso De Mello ilustra lo que Ratzinger quiere decir cuando afirma que quiere mantener con las otras religiones un «diálogo sincero y abierto», y que no es precisamente un sincretismo vacío o una conversación desde la pérdida de la identidad. Quien interprete sus palabras de otra manera se equivoca, porque el hasta abril prefecto de la Doctrina de la Fe se ha dejado notar por sus preocupaciones acerca de la llamada *New Age*, eso que algunos teólogos han llamado el «*fitness* del espíritu».

Sobre estos asuntos ha hablado muchas veces. En una entrevista en un seminario francés dijo que «si el budismo seduce a los jóvenes es porque se muestra como una posibilidad de alcanzar el infinito y la felicidad sin tener ninguna obligación religiosa concreta». Ratzinger definía el budismo que se ofrece en el mercado de las modas en las sociedades occidentales como una especie de autoerotismo espiritual.

Reevangelización de Europa

Los dos últimos cónclaves de la Iglesia católica han estado marcados por las crisis europeas y por las dictaduras. El de octubre de 1978 fue la respuesta a una Europa cuya cultura había entrado desde hacia diez años en una fase turbia y desorientada. Köenig y Kroll, los dos grandes electores de aquel momento, encontraron una nueva energía en la Iglesia del silencio, en la Iglesia de los países del Este. Europa era incapaz de soplar el viento del Espíritu con fuerza. La Iglesia francesa no había tocado fondo en su declive; la española estaba dividida en tiempos de transición y lastrada por la herencia franquista. Italia se presentaba al cónclave dividida y enferma por una grave crisis política con escándalos que salpicaban a la Iglesia y al Vaticano.

Hoy, el viejo continente se queda sin vocaciones. El que fuera el vivero de la evangelización de América, de Asia, de África, ha de aceptar la realidad de que pronto tendrán que ser pastores de otros continentes los que vendrán a cuidar las almas de una Iglesia en minoría, y a recordarle al viejo continente las fuentes cristianas de su cultura. Del cónclave de 2005 emerge un mensaje muy claro. Frente a una Europa que esconde en el relativismo su propia esencia cultural, los cardenales de la Iglesia eligen a un alemán, a un hombre que ha reflexionado sobre los destinos y los dramas del continente. En 1978, el cónclave reaccionó ante las dictaduras comunistas con el mensaje de que no hay dignidad del hombre sin libertad. El cónclave de 2005 emite señales de alarma contra la dictadura del relativismo: no hay libertad sin verdad.

En una de las páginas de su obra *Europa*, Ratzinger reflexiona sobre las razones de este olvido de sí europeo: «Hay un odio de sí mismo en Occidente que es algo extraño, que se puede considerar como algo patológico. Occidente intenta abrirse plenamente a una comprensión de los valores ajenos, pero no se quiere a sí mismo; sólo ve en su historia lo que es despreciable y destructivo, mientras es incapaz de percibir lo que hay de grande y de puro. Para sobrevivir, Europa necesita una nueva (ciertamente crítica y humilde) aceptación de sí misma. La multiculturalidad, que es animada a veces con mucha pasión, a veces es sobre todo un abandono y una negación de lo que es propio, una fuga de las cosas propias. Pero la multiculturalidad no puede subsistir sin puntos de orientación a partir de los propios valores.»

La Unión Europea, añade, rechaza ir a la fuente de los derechos humanos, porque se encuentra con el problema de que esos derechos nacen de la cultura y de la civilización judaico-cristiana. Y así, «Europa, justo en este tiempo en el que experimenta un momento de éxito político, parece vacía, paralizada por una crisis de su sistema circulatorio, una crisis que pone en riesgo su vida, confiada en trasplantes que van a eliminar su propia identidad. Hay una extraña falta de voluntad de futuro».

En su *Diálogo sobre la religión*, un interesante debate con el intelectual italiano Ernesto Galli della Loggia, Ratzinger hace un diagnóstico de las razones de la crisis de Occidente. Parte de la idea de que en las últimas décadas ha crecido el poder técnico del hombre, su capacidad de fabricar seres, de manipular la genética y de dominar el propio ser, no ha estado acompañada por un crecimiento moral del ser humano. Ese desequilibrio entre poderes y capacidad moral es para el teólogo el gran tema del diálogo entre la fe cristiana y los laicos.

Para Ratzinger, el hombre tiene una naturaleza humana común que supone comportamientos morales fundamentales que son incompatibles con el absolutismo del yo, enemigo de la verdad y de la realidad empírica. «El gran error —termina su intervención en aquel coloquio— es considerar la autoridad como enemiga de la libertad. En realidad, una autoridad bien definida es la condición de la libertad. Estamos en el camino de las mejores tradiciones cristianas, que siempre suponen que el hombre ha sido creado para la libertad, una libertad humana, que es libertad compartida. La convicción de que mi libertad es la medida de todas las cosas es un error.»

En otro pasaje de su obra, Ratzinger cita a Arnold Toynbee imaginando el futuro de la Iglesia católica en Europa: «El futuro de una sociedad depende de minorías creativas. Los cristianos creyentes deberían mirarse a sí mismos como una minoría creativa y contribuir a que Europa valore de nuevo lo mejor de su tradición y se ponga así al servicio de la entera humanidad.»

Pobreza, justicia, mundialización

¿Qué papa? ¿Para qué mundo? Estas dos preguntas tienen un sentido especial para los cientos de millones de católicos que viven en el Tercer Mundo, en situaciones de miseria, de opresión política, aplastados por la lógica del mercado. En este cónclave han sido mayoría. Su voz se ha escuchado a través de cardenales como Claudio Hummes, como Óscar Andrés Rodríguez Maradiaga, Carlo Maria Martini, Norberto Rivera Carrera y tantos otros. El papado se ha convertido en este principio de milenio en una institución universal, con una gran autoridad moral al servicio de una ética de la sociedad global. Wojtila fue firme en la defensa de los que sufren la lógica del mercado. «He entendido —le dijo un día al periodista Jan Gawronski— lo que es la explotación y me he puesto de parte del pobre, del desheredado, del oprimido, del marginado y del indefenso. El poderoso de este mundo no siempre mira de forma favorable a un papa como éste.»

Algunos teólogos, sin embargo, echan de menos un pronunciamiento más claro, más rotundo frente a los excesos del mercado y la acumulación de riqueza, por ejemplo revisando el derecho de propiedad para contemplarlo como un medio que debe incluir siempre un fin de justicia social.

En 2001, mientras se sucedían las protestas en Davos, en Seattle, en Nápoles, el papa se pronunció sobre la globalización, y dijo que no es buena ni mala, y que todo depende de qué se haga con ella, porque ningún sistema es un fin en sí mismo y la globalización debe estar al servicio de la persona, de la sociedad y del bien común. Wojtila deja en este terreno algunos caminos abiertos, algunas sugerencias muy válidas. Por ejemplo, la de una espiritualidad ecológica. En la encíclica *Sollicitudo rei socialis* afirma que la dominación del mundo encargada al hombre por el creador no es un valor absoluto. «Utilizar los recursos naturales como si fueran inagotables —añade— pone en serio peligro esos recursos no solamente para las generaciones presentes sino también para las futuras.»

Benedicto XVI tendrá que dar respuesta a los grandes problemas de la justicia social, denunciar la sima que separa al mundo rico del mundo pobre y proponer nuevos caminos para encontrar un equilibrio entre el mercado y la solidaridad, entre el liberalismo y la interdependencia. Y en ese punto una Iglesia crítica es un valor fundamental para el proceso de crear una ética universal basada en el mensaje evangélico. Juan Pablo II ha reclamado que se deben globalizar no sólo los mercados sino también los valores y, en este sentido, Ratzinger pone el acento en el desequilibrio que existe en un mundo que ha progresado en la técnica y en la producción, pero no ha dado pasos similares en el progreso moral.

¿Tiene futuro la Iglesia?

Nunca como en este último cónclave se ha hablado de la energía y de la fuerza moral de los cardenales del Tercer Mundo. Figuras como Óscar Andrés Rodríguez Maradiaga, Claudio Hummes, Ivan Dias, Francis Arinze o el cardenal argentino Bergoglio han sido estrellas mediáticas, meteoritos que cruzaban el cielo de Roma, rostros para las televisiones, y sobre todo grandes personalidades de la Iglesia romana. Para buena parte de la opinión pública encarnaban también el espíritu de una Iglesia que se enfrenta a los desafíos de la globalización. La Europa acomodada contemplaba con cierta nostalgia a estos prelados que dirigen Iglesias locales donde el espíritu de justicia anida en las parroquias y se alimenta de las homilías de estos hombres del mundo de la pobreza, de los países que no están invitados a la fiesta de la opulencia. Mientras la fibra espiritual de Europa languidece, esa llama sigue viva en Honduras, en Brasil, en la India, en Mozambique, o en Colombia.

Muchos escritores católicos se hacen esta pregunta que se podría resumir en el título de un libro del francés Jean Delumeau: *¿Va a morir el cristianismo?* Se trata de una pregunta que se repite a menudo, sobre todo en Occidente, donde la religión católica parece amenazada en algunos aspectos esenciales. Existe una contradicción entre el sentimiento que tenemos de la debilidad de la fe en la sociedad actual y las estadísticas. Según el experto en religión Odon Vallet, sólo existen dos religiones que progresen en el planeta: el islam y el catolicismo. El desarrollo demográfico de Hispanoamérica, que por sí sola tiene el cuarenta y cuatro por ciento de los católicos, o de países de Asia como Filipinas o Corea, podría dar una impresión de expansión. La crisis se circunscribe a Europa, que estadísticamente sólo representa el siete por ciento de los católicos mundiales. En España, en Francia, en Italia, las campanas enmudecen, los fieles frecuentan cada vez menos la misa y los seminarios se vacían. Hay a la vez crisis de vocaciones y crisis de fe. La pregunta que surge cuando se contemplan estas cifras es si tendrá capacidad la Iglesia de adaptarse al mundo moderno, de responder a las nuevas aspiraciones sin responder a sus principios, a su legado, al tesoro de su verdad.

¿Podrá mantenerse como es o deberá sufrir una transformación radical? A esa pregunta parece responder el entonces cardenal Ratzinger cuando plantea en algún momento de su obra la posibilidad de una Iglesia minoritaria que sea testigo de la fe, que no haya renunciado al depósito moral de su tradición.

Benedicto XVI no lo tiene fácil. El católico contemporáneo tiene una visión del mundo derivada del Renacimiento y del Siglo de las Luces. Con la democracia y la sociedad moderna, el individuo tiene aspiraciones que no son ya las de las comunidades tradicionales. La Iglesia debe afrontar el espinoso asunto del divorcio y de la familia recompuesta que no existía antaño, y que sin embargo es tan frecuente en nuestros días. La Iglesia, en otros tiempos detentadora de la Verdad, afronta ahora esa «dictadura del relativismo». La espiritualidad, cuando existe, es un juego a la carta, una especie de elección sin compromiso ninguno en la que se eligen las recetas que menos obligaciones plantean, las menos exigentes.

Pero el cristianismo tiene una gran capacidad de adaptación. Ha mantenido su mensaje durante veinte siglos. Ratzinger cree que esto es un milagro. Lo dice en una conversación con Giuseppe di Carli: «El mundo nos aconseja el agnosticismo. Nos han llevado hasta la idea de que somos demasiado pequeños, que nuestra razón es demasiado frágil para poder creer en Dios. Y sin embargo, en un mundo tan fragmentado y oscuro, millones de personas siguen creyendo. Esto es un milagro. Es la señal de que Dios está entre nosotros.»

Es posible que la Iglesia tenga que cambiar en el futuro su forma de funcionamiento. Deberá encontrar otro tipo de administración, pues no se puede funcionar más sobre un modelo de autoridad tan centralizada. La Iglesia ha crecido, ya no se pueden mantener relaciones personales sobre cada cuestión. Roma debe quedar como el lazo de unión, pero concediendo una cierta autonomía a las conferencias episcopales para los problemas cotidianos. Pero cuando al hoy Benedicto XVI se le formula la pregunta de ¿cuál será el futuro del cristianismo?, responde casi sobresaltado: «¿Quién puede responder a esa pregunta? El Señor nos asegura que la Iglesia siempre estará viva hasta el final del mundo, aunque con sufrimiento, quizá muy reducida. El Evangelio nos pregunta: "Cuando Cristo vuelva, ¿encontrará todavía fe en la tierra?" Habrá muchas crisis. Por otra parte, sabemos que el hombre está siempre abierto a Dios y Dios se hace presente. La Iglesia, como en el pasado, deberá soportar muchas tentaciones, sufrimientos, persecuciones. Siempre habrá de todas formas una fuente de vida, de alegría, una razón de esperanza.»

Sus palabras suenan proféticas: «Tendremos que aceptar pérdidas, pero seguiremos siendo una Iglesia abierta. La Iglesia no puede ser un grupo cerrado y autosuficiente. Sobre todo, necesitamos ser misioneros y enseñar a la sociedad estos valores que deberían constituir su conciencia, unos valores que son el fundamento de su existencia estatal y de una comunidad social verdaderamente humana.»

Epílogo

Benedicto XVI fue entronizado en el transcurso de una ceremonia en la plaza de San Pedro el 24 de abril de 2005. Recibió el palio de la lana de cordero adornado con las cruces negras y el anillo del pescador. Esa ceremonia ya no debería llevar el nombre del trono porque el poder temporal y sus símbolos son cosa del pasado. Pablo VI fue el último papa al que se le impuso la tiara. Aquella corona sería subastada después en Estados Unidos. El producto de la venta se repartió en obras de caridad. El palio, una vieja reminiscencia heredada de los emperadores romanos, significa la oveja descarriada. La lana, cortada el día de Santa Inés, patrona de Roma, recuerda a la oveja perdida en el desierto.

En la plaza, ante la multitud, ante los poderosos, Benedicto XVI ha vuelto a hablar con una voz clara: «No somos el producto casual y sin sentido de la evolución. Cada uno de nosotros es el fruto de un pensamiento de Dios. Cada uno es querido, cada uno es amado, cada uno es necesario.» Ratzinger toma en la homilía palabras de Juan XXIII para recordar a los que acudieron a despedir a Juan Pablo II. «La Iglesia está viva, la Iglesia es joven. [...] Mi verdadero programa de gobierno es no hacer mi voluntad, no seguir mis propias ideas, sino ponerme junto a la Iglesia a la escucha de la palabra y de la voluntad del Señor y dejarme conducir por Él.» Y al final se dirige a los jóvenes: «No tengáis miedo de Cristo. Él no quita nada y lo da todo. Quien se da a Él recibe el ciento por uno. Abrid de par en par las puertas a Cristo y encontraréis la verdadera vida.»

La multitud vuelve a casa. Terminan tres semanas de una intensa emoción. En estos días han pasado muchas cosas, algunas de ellas ocultas. Nunca se sabe por dónde van a soplar las cosas. ¿Saben? Una peregrinación de periodistas, incitados por las novelitas de Dan Brown, esa especie de Estefanía de las novelas históricas, ha pasado por las oficinas del Opus Dei para buscar un albino masoquista con tendencias criminales. Y algunos se han llevado grandes sorpresas y han descubierto que la realidad muchas veces no tiene nada que ver con el relato que nos hacen de ella. La verdad, muchas veces, es sencilla. Hasta cuatrocientas entrevistas han atendido los encargados de prensa, dirigidos por Marc Carrogio. ¿Qué traerán todos estos movimientos de periodistas y peregrinos? Es un misterio.

En la prensa italiana resuenan las palabras de Piero Fassino, dirigente de lo que en otro tiempo fue el todopoderoso Partido Comunista Italiano: «Ratzinger no es un integrista, su fuerza es un desafío a los laicos y su denuncia del relativismo es el rechazo a una sociedad que no tiene principios.» En los primeros gestos del papa Benedicto XVI ya impone su propia forma de ser, y sorprende a casi todos. Después de la misa del domingo 24 ha dado una vuelta a la plaza subido a un papamóvil como aquel que se perdió entre sirenas de alarma el 13 de mayo de 1981, con un papa Wojtila a bordo al que se le escapaba la vida a borbotones. El coche sin blindaje ha vuelto. Y Ratzinger disfruta de la vuelta a la plaza con esos gestos de campeón de boxeo, cuando levanta los brazos y se coge las manos. Benedicto ya es un papa antirretórico: después de ser elegido se ha marchado a su casa. Ha pasado dos horas en aquel pequeño apartamento que le fue adjudicado cuando llegó a Roma llamado por Juan Pablo II. Hemos descubierto sus refugios, su casa, o el monasterio benedictino de la Toscana, cerca de Rosano, donde pasaba fines de semana de descanso. ¡Siempre san Benito! Siempre aquella Iglesia en minoría, de pequeños grupos de monjes que salvaron la cultura clásica y la tradición cristiana para entregársela a una Europa que la ha vuelto a perder. Signos, signos. Comienza a ser verdad que lo que importa es el tipo de papa que será Benedicto XVI, y no el tipo de cardenal que haya sido.

Cronología de los papas y su circunstancia

(En cursiva, los antipapas)

Pedro		
Lino	67-79?	**70** Caída de Jerusalén
Anacleto I	79?-91?	
Clemente I	91-101	
Evaristo	100?-109?	
Alejandro I	109?-116?	
Sixto I	116?-125?	
Telesforo	125?-136	
Higinio	136?-142?	
Pío I	142-155	
Aniceto	155-166	
Sotero	166-174	
Eleuterio	174-189	
Víctor I	189-198	
Ceferino	198-217	
Calixto I	217-222	
Hipólito	217?-235	
Urbano I	222-230	
Ponciano	21-7-230/28-9-235	
Antero	21-11-235/3-1-236	
Fabián	10-1-236/20-1-250	
Cornelio	marzo 251/junio 253	
Novaciano	251-258?	
Lucio I	25-6-253/5-3-254	
Esteban I	12-5-254/2-8-257	
Sixto II	31-8-257/6-8-258	
Dionisio	22-7-260/26-12-268	
Félix I	3-1-269/diciembre 274	
Eutiquiano	4-6-275/7-12-283	
Cayo	17-12-283/22-4-296	**285** El emperador Diocleciano divide el Imperio romano

Marcelino	296?/304	**303** El emperador Diocleciano empieza la persecución contra los cristianos
Marcelo I	noviembre-diciembre 308/16-1-309	
Eusebio	18-8-309/21-10-310	
Milcíades	2-7-311/10-1-314	**313** *Edicto de Milán,* en el que se reconoce la libertad de culto y se reparan los perjucios sufridos por los cristianos
Silvestre I	31-1-314/31-12-335	**324-330** Constantino funda Constantinopla **325** Concilio de Nicea I. Contra el arrianismo
Marcos	18-1-336/7-10-336	
Julio I	6-2-337/12-4-352	
Liberio	17-5-352/24-9-366	
Félix (II)	355-358	
Dámaso I	1-10-366/11-12-384	**380** El emperador Teodosio declara el cristianismo la religión oficial del Imperio romano **381** Concilio de Constantinopla I. Contra los macedonios
Ursino	24-9-366/16-11-367	
Siricio	diciembre 384/26-11-399	
Anastasio I	27-11-399/19-12-401	
Inocencio I	27-12-402/12-3-417	
Zósimo	18-3-418/26-12-418	
Bonifacio I	28-12-418/4-9-422	
Celestino I	10-9-422/27-7-432	**431** Concilio de Éfeso. Contra Nestorio
Sixto III	31-7-432/19-8-440	
León I	septiembre 440/10-11-461	**451** Concilio de Calcedonia. Contra el monofisismo
Hilario	19-11-461/29-2-468	
Simplicio	13-3-468/10-3-483	**476** Fin del Imperio romano de Occidente

Félix II (III)	13-3-483/1-3-492	
Gelasio I	1-3-492/21-11-496	
Anastasio II	24-11-496/19-11-498	
Símaco	22-11-498/19-7-514	
Lorenzo	22-11-498/marzo 507	
Hormisdas	20-7-514/6-8-523	
Juan I	13-8-523/18-5-526	
Félix III (IV)	12-7-526/22-9-530	
Dióscoro	22-9-530/14-10-530	
Bonifacio II	22-9-530/17-10-532	**532** Justiniano ordena construir la catedral de Santa Sofía en Constantinopla
Juan II	2-1-533/8-5-535	
Agapito I	13-5-535/22-4-536	
Silverio	8-6-536/11-11-537	
Vigilio	29-3-537/7-6-555	**553** Concilio de Constantinopla II. Contra los *Tres capítulos*
Pelagio I	16-4-556/3-3-561	
Juan III	17-7-561/13-7-574	
Benedicto I	2-6-575/30-7-579	
Pelagio II	26-11-579/7-2-590	**587** Recaredo, rey de los visigodos, se convierte al catolicismo
Gregorio I	3-9-590/12-3-604	
Sabiniano	13-9-604/22-2-606	**602-630** Los persas invaden el Imperio bizantino
Bonifacio III	19-2-607/12-11-607	
Bonifacio IV	15-9-608/8-5-615	
Adeodato I	19-10-615/8-11-618	
Bonifacio V	23-12-619/23-10-625	
Honorio I	27-10-625/12-10-638	**630** Mahoma reconquista la Meca
Severino	28-5-640/2-8-640	
Juan IV	24-12-640/12-10-642	
Teodoro I	24-11-642/14-5-649	

Martín I	5-7-649/17-6-653	
Eugenio I	10-8-654/2-6-657	
Vitaliano	30-6-657/27-1-672	
Adeodato II	11-4-672/17-6-676	
Dono	2-11-676/11-4-678	
Agatón	27-6-678/10-1-681	**680-681** Concilio de Constantinopla III. Condena del monotelismo
León II	17-8-682/3-7-683	
Benedicto II	26-6-684/8-5-685	
Juan V	23-7-685/2-8-686	
Conón	21-10-686/21-9-687	
Teodoro	687	
Pascual	687	
Sergio I	15-12-687/9-9-701	
Juan VI	30-10-701/11-1-705	
Juan VII	1-3-705/18-10-707	
Sisinio	15-1-708/4-2-708	
Constantino	25-3-708/9-4-715	
Gregorio II	19-5-715/11-2-731	
Gregorio III	18-3-731/28-11-741	
Zacarías	3-12-741/15-3-752	**711** Los árabes entran en la península Ibérica **750** Se inicia la Reconquista
Esteban (II)	marzo 752	
Esteban II	26-3-752/26-4-757	
Paulo I	29-5-757/28-6-767	
Constantino II	5-7-767/6-8-768	
Felipe	768	
Esteban III	7-8-768/24-1-772	
Adriano I	1-2-772/25-12-795	**787** Concilio de Nicea II. Contra la iconoclastia
León III	26-12-795/12-7-816	**800** Carlomagno es coronado emperador del Imperio de Occidente
Esteban IV	23-6-816/24-1-817	
Pascual I	24-1-817/11-2-824	

Eugenio II	junio 824/agosto 827	
Valentín	agosto 827/septiembre 827	
Gregorio IV	29-3-828/25-1-844	**828** Empiezan las obras de San Marcos en Venecia
Juan VIII	enero 844	
Sergio II	enero 844/27-1-847	
León IV	10-3-847/17-7-855	
Benedicto III	29-9-855/17-3-858	
Anastasio III	855	
Nicolás I	24-3-858/13-11-867	
Adriano II	14-12-867/¿diciembre? 872	**869-870** Concilio de Constantinopla IV. Destituye a Focio del patriarcado
Juan VIII	14-12-872/16-12-882	
Mariano I	16-12-882/15-5-884	
Adriano III	17-5-884/septiembre 885	
Esteban V	septiembre 885/14-9-891	
Formoso	6-10-891/4-3-896	
Bonifacio VI	abril 896	
Esteban VI	mayo 896/agosto 897	
Romano	agosto 897/noviembre 897	
Teodoro II	897	
Juan IX	enero 898/enero 900	
Benedicto IV	mayo-junio 900/agosto 903	
León V	agosto 903-septiembre 903	
Cristóbal	septiembre 903/enero 904	
Sergio III	29-1-911/14-4-911	
Anastasio III	junio 911/agosto 913	
Landón	agosto 913/marzo 914	
Juan X	marzo 914/mayo 928	
León VI	mayo 928/diciembre 928	
Esteban VII	diciembre 928/febrero 931	
Juan XI	marzo 931/diciembre 935	
León VII	3-1-936/13-7-939	
Esteban VIII	14-7-939/octubre 942	

Marino II	30-10-942/mayo 946	
Agapito II	10-5-946/diciembre 955	
Juan XII	16-12-955/14-5-964	
León VIII	4-12-963/1-3-965	
Benedicto V	22-5-964/23-6-964	
Juan XIII	1-10-965/6-9-972	
Benedicto VI	19-1-973/julio 974	
Bonifacio VII	junio 974/julio 985	
Benedicto VII	octubre 974/10-7-983	
Juan XIV	diciembre 983/20-8-984	
Juan XV	agosto 985/marzo 996	
Gregorio V	3-5-996/18-2-999	
Juan XVI	febrero 997-mayo 998	
Silvestre II	2-4-999/12-5-1003	**1000** Otón funda la Iglesia polaca
Juan XVII	junio 1003/diciembre 1003	
Juan XVIII	enero 1004/julio 1009	
Sergio IV	31-7-1009/12-5-1012	
Benedicto VIII	18-5-1012/9-4-1024	
Juan XIX	14-5-1024/1032	
Benedicto IX	1032/1045	
Silvestre III	20-1-1045/10-2-1045	
Benedicto IX (segunda vez)	10-4-1045/1-5-1045	
Gregorio VI	1-5-1045/20-12-1046	
Clemente II	24-12-1046/9-10-1047	**1047** Enrique III es coronado emperador
Benedicto IX (tercera vez)	8-11-1047/17-7-1048	
Dámaso II	17-7-1048/9-8-1048	
León IX	12-2-1049/9-4-1054	**1054** Gran cisma. Ruptura entre la Iglesia romana y la griega
Víctor II	16-4-1055/28-7-1057	
Esteban IX	3-8-1057/29-03-1058	

Benedicto X	5-4-1058/24-1-1059	
Nicolás II	24-1-1059/27-7-1061	**1059** Decreto de Nicolás II: el papa será elegido sólo por los cardenales, y excluye la influencia del emperador y de la nobleza romana
Alejandro II	1-10-1061/21-4-1073	
Honorio II	28-10-1061/1072	
Gregorio VII	22-4-1073/25-5-1085	**1076** Concilio de Letrán. Gregorio VII depone y excomulga al emperador, y libera a los súbditos del juramento de fidelidad
Clemente III	1080/1084	
Víctor III	24-5-1086/18-9-1087	
Urbano II	12-3-1088/29-7-1099	**1096** Primera Cruzada
Pascual II	13-8-1099/21-1-1118	
Teodorico	1100	
Alberto	1102	
Silvestre IV	1105/1111	
Gelasio II	24-1-1118/28-1-1119	
Gregorio VIII	1118/1121	
Calixto II	2-11-1119/13-12-1124	
Celestino II	1124	
Honorio II	21-12-1124/13-2-1130	
Inocencio II	14-2-1130/24-9-1143	
Anacleto II	1130/1138	
Víctor IV	1138	
Celestino II	26-9-1143/8-3-1144	
Lucio II	12-3-1144/15-2-1145	
Eugenio III	15-2-1145/8-7-1153	**1147** Segunda Cruzada **1153** Tratado de Constanza. Federico I promete ayuda al papa a cambio de su coronación
Anastasio IV	12-7-1153/3-12-1154	
Adriano IV	4-12-1154/1-9-1159	
Alejandro III	7-9-1159/30-8-1181	**1179** Constitución *Licet de vitanda.* Implanta el umbral

		de los dos tercios para ser elegido papa
Víctor IV	1159/1164	
Pascual III	1164/1168	
Calixto III	1168/1178	
Inocencio III	1179/1180	
Lucio III	1-9-1181/25-9-1185	
Urbano III	25-11-1185/20-10-1187	
Gregorio VIII	21-10-1187/17-12-1187	
Clemente III	19-12-1187/3-1191	**1189** Tercera Cruzada
Celestino III	30-3-1191/8-1-1198	
Inocencio III	8-1-1198/16-7-1216	**1202** Cuarta Cruzada **1203** Los cruzados toman Constantinopla **1209** Cruzada contra los albigenses **1212** Cruzada de los Niños **1215** IV Concilio de Letrán. Imposición de indumentaria a los judíos y confinamiento en guetos
Honorio III	18-7-1216/18-3-1227	
Gregorio IX	19-3-1227/22-8-1241	**1228** Quinta Cruzada **1239** El Concilio de Lyon excomulga al emperador
Celestino IV	25-10-1241/10-11-1241	
Inocencio IV	25-6-1243/7-12-1254	**1248** Sexta Cruzada
Alejandro IV	12-12-1254/25-5-1261	
Urbano IV	29-8-1261/2-10-1264	
Clemente IV	5-2-1265/29-11-1268	**1268** Cónclave de Viterbo
Gregorio X	21-1-1271/22-6-1276	**1274** Constitución *Ubi periculum*
Adriano V	11-7-1276/18-8-1276	
Juan XXI	8-9-1276/20-5-1277	
Nicolás III	25-11-1277/22-8-1280	
Martín IV	22-2-1281/28-3-1285	
Honorio IV	2-4-1285/3-4-1287	
Nicolás IV	22-2-1288/4-4-1292	

Celestino V	5-7-1294/13-12-1294	
Bonifacio VIII	24-12-1294/11-10-1303	**1300** Primer jubileo **1302** Bula *Unam Sanctam.* El papa formula su supremacía universal
Benedicto XI	22-10-1303/7-7-1304	
Clemente V	5-6-1305/20-4-1314	**1309** El papado se traslada a Avignon
Juan XXII	7-8-1316/4-12-1334	**1323** El papa condena la doctrina franciscana de la pobreza absoluta de Cristo y de los apóstoles
Nicolás V	1328-1330	
Benedicto XII	20-12-1334/24-4-1342	
Clemente VI	7-5-1342/6-12-1352	
Inocencio VI	18-12-1352/12-9-1362	
Urbano V	28-9-1362/19-12-1370	
Gregorio XI	30-12-1370/26-3-1378	**1377** El papa regresa a Roma
Urbano VI	18-4-1378/15-10-1389	**1380** Primera traducción inglesa de la Biblia, por John Wycliffe
Bonifacio IX	2-11-1389/1-10-1404	**1389** Batalla de Kosovo. Serbia cae en manos de los turcos
Inocencio VII	17-10-1404/6-11-1406	
Gregorio XII	30-11-1406/4-7-1415	**1414** Concilio de Constanza, que depone a todos los papas y elige pontífice a Martín V
Clemente VII	20-9-1378/16-9-1394	
Benedicto XIII	28-9-1394/23-5-1423	
Alejandro V	26-6-1409/3-5-1410	
Juan XXIII	17-5-1410/29-5-1415	
Martín V	14-11-1417/20-2-1431	
Eugenio IV	3-3-1431/23-3-1447	**1438** Pragmática Sanción. Nace la Iglesia galicana **1445** Gutenberg crea la imprenta
Félix V	5-11-1439/7-4-1449	

Nicolás V	6-3-1447/24-3-1455	
Calixto III	8-4-1455/6-8-1458	
Pío II	19-8-1458/15-8-1464	**1459** El papa declara herética la doctrina conciliar **1460** Se funda la Academia Romana
Pablo II	30-8-1464/26-7-1471	
Sixto IV	9-8-1471/12-8-1484	
Inocencio VIII	29-8-1484/15-7-1492	**1492** Colón descubre la isla de Guanahaní
Alejandro VI	11-8-1492/18-8-1503	**1494** España y Portugal se reparten el mundo en el Tratado de Tordesillas **1500** Pedro Alvares Cabral descubre Brasil
Pío III	22-9-1503/18-10-1503	
Julio II	31-10-1503/21-2-1513	**1508** Erasmo publica *Elogio de la locura*
León X	9-3-1513/1-12-1521	**1513** Maquiavelo publica *El Príncipe* **1517** Martín Lutero coloca en la catedral de Wittenberg sus 95 tesis
Adriano VI	9-1-1522/14-9-1523	**1522** Violentas manifestaciones de fanatismo en Wittenberg
Clemente VII	19-11-1523/25-9-1534	**1527** Saqueo de Roma **1530** Coronación de Carlos V en Bolonia **1531** Reconocimiento del rey como cabeza suprema de la Iglesia de Inglaterra
Pablo III	13-10-1534/10-11-1549	**1534** Fundación de la Compañía de Jesús **1536** Calvino inicia sus actividades en Ginebra **1545** Concilio de Trento
Julio III	7-2-1550/23-3-1555	
Marcelo II	9-4-1555/1-5-1555	
Pablo IV	23-5-1555/18-8-1559	**1556** Felipe es coronado rey de España

Pío IV	28-12-1559/9-12-1565	**1564** Juramento del clero al Concilio de Trento
Pío V	7-1-1566/1-5-1572	**1571** Batalla de Lepanto
Gregorio XIII	13-5-1572/10-4-1585	
Sixto V	24-4-1585/27-8-1590	**1588** Destrucción de la Armada Invencible
Urbano VII	Del 15 al 27-9-1590	
Gregorio XIV	5-12-1590/16-10-1591	
Inocencio IX	29-10-1591/30-12-1591	
Clemente VIII	30-1-1592/3-3-1605	**1600** Giordano Bruno arde en la hoguera de la Inquisición
León XI	Del 1 al 27-4-1605	
Pablo V	16-5-1605/28-1-1621	**1607** Maximiliano I funda la Liga Católica **1618** Comienza la guerra de los Treinta Años
Gregorio XV	9-2-1621/8-7-1623	
Urbano VIII	6-8-1623/29-7-1644	**1632** La Inquisición procesa a Galileo.
Inocencio X	15-9-1644/7-1-1655	**1648** Paz de Westfalia que pone fin a la guerra de los Treinta Años
Alejandro VII	7-4-1655/22-5-1667	
Clemente IX	20-6-1667/9-12-1669	
Clemente X	29-4-1670/22-7-1676	
Inocencio XI	21-9-1676/12-8-1689	
Alejandro VIII	6-9-1689/1-2-1691	
Inocencio XII	12-7-1691/27-9-1700	
Clemente XI	23-11-1700/19-3-1721	**1700** Muere Carlos II de España. Estalla la guerra de Sucesión
Inocencio XIII	8-5-1721/7-3-1724	
Benedicto XIII	29-5-1724/21-2-1730	
Clemente XII	12-7-1730/6-2-1740	
Benedicto XIV	17-8-1740/3-5-1758	
Clemente XIII	6-7-1758/2-2-1769	

Clemente XIV	19-5-1769/22-9-1774	**1772** Floridablanca consigue del papa la extinción de la Compañía de Jesús **1772** Tratado de San Petersburgo. Primera partición de Polonia
Pío VI	15-2-1775/29-8-1799	**1789** Revolución francesa **1791** El papa firma la bula que condena la Revolución francesa **1798** Se declara la República romana. El papa, prisionero de los franceses, parte hacia el exilio **1799** El papa muere en Valence
Pío VII	14-3-1800/20-8-1823	**1804** Napoleón se corona emperador en París **1814** Congreso de Viena
León XII	28-9-1823/10-2-1829	
Pío VIII	31-3-1829/30-11-1830	
Gregorio XVI	2-2-1831/1-6-1846	
Pío IX	16-6-1846/7-2-1878	**1848** Revolución liberal **1859** Darwin publica *El origen de las especies* **1861** Se proclama el Reino de Italia **1864** El papa promulga el *Syllabus*. Resumen de errores sobre la doctrina **1867** Marx publica *El capital* **1869** Concilio Vaticano I **1870** Unificación italiana **1871** Guerra franco-prusiana **1871** Bismarck proclama el Imperio alemán
León XIII	20-2-1878/20-7-1903	**1891** El papa promulga la encíclica *Rerum novarum*
Pío X	4-8-1903/20-8-1914	
Benedicto XV	3-9-1914/22-1-1922	**1914** Primera guerra mundial **1917** Revolución rusa
Pío XI	6-2-1922/10-2-1939	**1936** Guerra civil española

Pío XII	2-3-1939/9-10-1958	**1939** Estalla la segunda guerra mundial **1953** Muere Stalin **1956** XX Congreso del Partido Comunista de la URSS
Juan XXIII	28-10-1958/3-6-1963	**1959** El papa convoca el Concilio Vaticano II
Pablo VI	21-6-1963/6-8-1978	**1965** Se cierra el Concilio Vaticano II
Juan Pablo I	26-8-1978/28-9-1978	
Juan Pablo II	6-10-1978/2-4-2005	**1981** Alí Agca atenta contra el papa **1989** Cae el Muro de Berlín
Benedicto XVI	19-4-2005	

Glosario para un nuevo pontífice

arzobispo. Es un obispo que gobierna una sede mayor que una diócesis y que tiene una jurisdicción limitada sobre una serie de diócesis que forman una región eclesiástica.

basílica de San Pedro. Basílica que se eleva sobre la colina del Vaticano. Está construida sobre las ruinas de la basílica de Constantino, que se edificó encima de los restos de un cementerio pagano de la época romana. En ese cementerio habría sido enterrado san Pedro. Las excavaciones realizadas han demostrado que el sitio donde se cree que estuvo enterrado Pedro está en un punto bajo el altar mayor. La basílica de San Pedro es el lugar donde se celebran los funerales por el papa fallecido y donde tiene lugar la misa *pro eligendo papa*, que marca el inicio del cónclave, y la misa de entronización, que simboliza el inicio del ministerio del nuevo papa. La primera aparición pública del nuevo papa se realiza desde su balcón central, donde se anuncia su elección y el sumo pontífice imparte la bendición *urbi et orbi* ante los fieles que se congregan en la plaza de San Pedro.

cámara de las lágrimas. Habitación donde es conducido el nuevo papa después de su elección para ser vestido con las vestimentas pontificias. Recibe este nombre porque es el lugar donde en el pasado los elegidos iban a llorar de emoción. En su interior hay tres baúles, cada uno con un juego de las vestiduras en una talla diferente para que, sea quien sea el elegido, tenga con qué presentarse ante la Iglesia.

camarlengo. Es el administrador de la Santa Sede en el tiempo entre dos papas. A la muerte de Juan Pablo II, la función del camarlengo la realizó el cardenal español Eduardo Martínez Somalo. En caso de que el puesto esté vacante a la muerte del papa, se debe elegir en la Congregación por mayoría absoluta. La tarea del camarlengo durante la sede vacante es cuidar y administrar los bienes y derechos temporales de la Santa Sede, con ayuda de los tres cardenales asistentes. Para las cuestiones más importantes debe contar con el voto de la Congregación General. Apenas recibida la noticia del prefecto de la Casa Pontificia, el camarlengo debe comprobar oficialmente la muerte del pontífice en presencia del maestro de ceremonias, de los prelados de la cámara apostólica y del secretario canciller, el cual levantará acta de la muerte. También es función del camarlengo poner los sellos en el apartamento privado del pontífice; comunicar la muerte al cardenal vicario, el cual dará noticia al pueblo de Roma con una notificación especial; tomar posesión del palacio Apostólico y de los palacios de Letrán y Castelgandolfo, y ejercitar su custodia y su gobierno: establecer, oídos los cardenales jefes de las tres órdenes, todo lo que concierne a la sepultura del pontífice, a menos que éste no haya expresado en vida su voluntad.

capilla papal. Es una parte de la Casa Pontificia, un grupo muy definido de obispos, de sacerdotes y de laicos que ocupa un lugar especial en algunas celebraciones, como, por ejemplo, en las canonizaciones.

capilla Sixtina. Capilla del palacio Vaticano donde tienen lugar las votaciones del cónclave. Su nombre se debe al papa Sixto IV, que en 1473 encargó su construcción. La fama de la Sixtina reside sobre todo en su colección de frescos, entre los que destacan los pintados por el maestro del Renacimiento italiano Miguel Ángel: la decoración de la bóveda, con imágenes de profetas y sibilas; nueve paneles con temas del Génesis, y, sobre todo, el grandioso fresco del juicio final que decora todo el muro del fondo. Es también el lugar donde se coloca la estufa en la que se queman las papeletas y que provocan la fumata negra o blanca.

capitulación. Se denomina así a un acuerdo alcanzado durante un cónclave para la elección del papa. El candidato acepta realizar un tipo de política o algún nombramiento a cambio del voto. Las capitulaciones eran normales en el Renacimiento, y se tiene constancia de algunas que no sirvieron de nada porque luego los papas no cumplían los acuerdos. El último caso de un intento de acuerdo fue durante la elección del cardenal Ratti como Pío XI. Los cardenales De Lai y Merry del Val le ofrecieron su voto a cambio de que no nombrara a Gasparri como secretario de Estado, oferta que Ratti rechazó. Este tipo de pactos están castigados con la excomunión, pero en el caso de que se den, no anulan la elección, siempre que se haya hecho respetando las normas del escrutinio.

cardenal. Son los príncipes de la Iglesia, los prelados de mayor rango de la Iglesia católica, son consejeros del papa y se encargan de su elección. Su nombre deriva de la palabra latina *cardo*, que significa «gozne». Se encargan del gobierno de las diócesis mayores y también de la dirección de las congregaciones y consejos más importantes en la curia romana. Cualquier católico puede ser nombrado cardenal, incluso aunque no sea obispo, aunque si éstos fueran elegidos papas, deberían ser nombrados obispos de forma inmediata. Las condiciones para ser nombrado cardenal son la ordenación sacerdotal, la fe, las buenas costumbres, la piedad y la prudencia en cuestiones administrativas. El color rojo de sus vestimentas indica que deben estar dispuestos a entregar su sangre por la verdad. Hay tres tipos de cardenales: cardenales diáconos, cardenales presbíteros y cardenales obispos.

cardenal diácono. Es el tercer rango de cardenales, y en su origen eran los sirvientes o asistentes que desarrollaban su trabajo en las regiones eclesiásticas de Roma. En el Renacimiento entraban en esta orden numerosos parientes de los papas. Cuando el pontífice nombraba a algún teólogo, o bien a un obispo no residencial, éstos entraban en la orden de los diáconos.

cardenal obispo. Son, por tradición, los obispos de las siete diócesis que rodean Roma, llamadas suburbanas. Son la primera línea de los cardenales. Cada uno de ellos tiene como sede una de las diócesis. El obispo de Ostia es, *ex officio*, el decano del Colegio de Cardenales.

cardenal presbítero. Por tradición, son los veinticinco pastores de las principales iglesias parroquiales de Roma. Esta orden se ha ido ampliando con el paso de los siglos hasta convertirse en la más numerosa del Colegio de Cardenales.

cardenal secretario de Estado. Es la más alta autoridad de la curia romana y el consejero papal en asuntos tanto de política como de la Iglesia universal. La función se desarrolla a partir de los consejeros principescos de las instituciones medievales. A partir de 1664, el secretario de Estado es siempre cardenal, y desde 1692 está sólo a las órdenes del papa. El secretario de Estado es el que convoca por orden del pontífice la reunión plenaria de los cardenales prefectos de los organismos que integran la curia, preside el Consejo de los Cardenales y determina con el papa cuándo se ha de convocar a los cardenales a reuniones particulares. En periodo de sede vacante tiene atribuciones especiales.

Casa de Santa Marta. Más conocida en el Vaticano como Domus Sanctae Martae. Se trata de una residencia construida en el interior del Vaticano durante el papado de Juan Pablo II. Tiene 108 habitaciones dobles y 23 individuales, cada una con baño. Es la residencia habitual de los cardenales que están de viaje en Roma y, de acuerdo con las normas dictadas por Juan Pablo II, el lugar donde se alojarán los cardenales electores durante el cónclave. En este periodo, todos los servicios de comunicaciones con el exterior permanecen desconectados. La constitución que regula la elección papal excluye cualquier contacto con quienes no estén llamados a deliberar sobre el nombramiento de un nuevo papa.

Casa Pontificia. Su nombre y sus funciones se remontan a la época constantiniana, en la que equivalía a la corte papal, de la que formaban parte el arcipreste, los notarios, los sacristanes, los archiveros, los encargados de la biblioteca y del guardarropa. En algunas épocas, estas funciones estaban a cargo de familiares de los papas. La Casa Pontificia se encarga de funciones que no tienen un carácter litúrgico, como los viajes del papa y las audiencias.

Colegio de Cardenales. Forman parte del Colegio de Cardenales todos y cada uno de ellos. Desde las normas dictadas por Pablo VI que limitan la edad de los electores, el Colegio ya no es idéntico al grupo que elige al papa. El Colegio está presidido por el cardenal decano como *primus inter pares.* El decano es el encargado de ordenar obispo al papa en caso de que éste no lo sea. El Colegio actúa como órgano de asesoramiento ceremonial del papa en los consistorios ordinarios y en los extraordinarios. Durante el periodo de sede vacante, los asuntos de la Iglesia están confiados al Colegio Cardenalicio.

Colegio de los Obispos. También llamado Colegio Episcopal, su cabeza es el papa, por ser obispo de Roma y sucesor, por tanto, de Pedro al frente de los obispos, que no pueden actuar sin permiso del pontífice. El papel del Colegio de los Obispos es el gobierno de la Iglesia universal, función que ejercen de forma colegiada con el papa. Según la doctrina del Concilio Vaticano II, los obispos tienen responsabilidad sobre la Iglesia entera, y no sólo sobre las locales.

concilio. Los concilios forman parte de la historia de la Iglesia desde los primeros tiempos. Nacen de la necesidad de responder en común a preguntas sobre la fe o la Iglesia. Dependen, por tanto, de una forma muy estrecha del contexto cultural. El concilio sólo puede ser convocado por el papa. Sólo él puede convocarlo, interrumpirlo y continuarlo, disolverlo o aprobar sus decretos. En principio, los únicos que tienen derecho a asistir y deber de hacerlo son los obispos miembros del Colegio Episcopal. También pueden ser convocadas personas que no tengan la dignidad episcopal y cuya función debe ser determinada por las autoridades supremas de la Iglesia.

Concilio Vaticano II. Ha sido el último concilio que ha celebrado la Iglesia católica. Fue convocado por el papa Juan XXIII y clausurado por Pablo VI. Ha sido la gran revolución, el hecho más extraordinario de la Iglesia en el siglo XX. De él irradian las grandes novedades de la presencia de la Iglesia en el mundo. El Concilio Vaticano II intenta dar respuesta a la gran fractura entre los católicos y la cultura moderna. Del Vaticano II nacen también los grandes debates que ocupan a la Iglesia y que tendrán una gran influencia en la elección del próximo pontífice.

cónclave. La elección del papa se debe hacer en el cónclave una vez cerrado. Por cónclave se entiende un sacro retiro donde, invocado el Espíritu Santo, los cardenales electores eligen al papa, y donde ellos y sus oficiales adeptos permanecen día y noche hasta la elección, sin relación con persona o cosa extraña, según las normas dictadas por Juan Pablo II en la constitución *Universi Dominici Gregis* de 1996.

Congregación General. Tras la muerte o la renuncia del papa, los cardenales son convocados a Roma. Hasta que se abre el cónclave, los cardenales se reúnen a diario en la llamada Congregación General. A esa asamblea pueden entrar todos los purpurados, incluidos aquellos que hayan pasado de la edad de ochenta años. La Congregación no puede cambiar nada de lo que dejó atado el papa anterior, y no puede tomar decisiones que correspondan al nuevo pontífice. Tampoco puede nombrar nuevos cardenales. Las reuniones de la Congregación General son diarias y comienzan tres o cuatro días después de la muerte del papa. Los cardenales se pueden incorporar a las reuniones en el momento en que lleguen a Roma.

congregación particular. Para los detalles se forma una congregación particular. Es un grupo de cuatro personas. Está integrado por el camarlengo y un cardenal menor de ochenta años por cada una de las órdenes de los cardenales, elegidos al azar. Cada tres días a partir de la muerte del papa se elige una nueva terna. Estos tres cardenales son los asistentes del camarlengo, y le ayudan a administrar las finanzas del Vaticano. La congregación particular se encarga de las decisiones rutinarias y de las consultas del cónclave para cualquier necesidad que vaya contra las normas del secreto. Es este grupo, por ejemplo, el que decide quién se puede alojar en la Casa de Santa Marta durante el cónclave, desde los sacerdotes encargados de la confesión hasta el personal de limpieza o de las cocinas. Son también los encargados de decidir si alguno de los cardenales, en caso de necesidad, tiene que dejar el cónclave o romper la clausura para comunicarse con el exterior. Las consultas y las decisiones en esos casos corresponden a la congregación particular.

consistorio. Se llama consistorio a la reunión del Colegio de Cardenales. Hay dos tipos de consistorio: el ordinario, que se reúne por orden del papa para recibir a los nuevos miembros, y el extraordinario, convocado por el papa para pedir consejo a los cardenales sobre un asunto en particular. El último consistorio ordinario se celebró en octubre de 2003, días después de las celebraciones en Ciudad del Vaticano del veinticinco aniversario del papado de Wojtila. La última vez que los cardenales se reunieron en consejo extraordinario fue en mayo de 2001. El papa quería conocer su opinión y sus ideas para conducir la Iglesia en el tercer milenio. Algunos piensan que ese papel consultivo debe ser asumido por el Sínodo de los obispos, e incluso proponen que sean los obispos los que se encarguen de elegir al papa, derecho exclusivo hasta ahora de los cardenales.

curia. Es el conjunto del aparato burocrático que rodea al papa. Hay tres tipos de departamentos: las congregaciones, que tienen responsabilidad sobre algunas áreas de la vida de la Iglesia, como la fe, las órdenes religiosas, la liturgia, los textos legales, o los santos; los consejos, que son departamentos establecidos por el Concilio Vaticano II como órganos consultivos y responsables de continuar su trabajo en asuntos como la paz y la justicia o el diálogo interreligioso, y los tribunales, que administran la justicia de acuerdo con el Derecho canónico; es conocido el tribunal de La Rota, que se encarga de asuntos matrimoniales.

decano. El decano del Colegio de Cardenales es el que los convoca a las reuniones y las preside. El decano es elegido por los cardenales de la orden de los obispos. Es el encargado de comunicar a los cardenales la muerte del papa y el que preside todas las congregaciones generales hasta la elección del sucesor.

«De eligendo pontifice». Nombre que reciben los dos discursos que reflejan el estado general de la Iglesia y que pronuncian dos religiosos designados específicamente en la Congregación General. El primero de ellos se lee en la Congregación General y el segundo la primera tarde del cónclave, después de que los cardenales hayan entrado en la capilla y se haya dado la orden *Extra omnes*.

enfermeros. Son los tres cardenales, designados por el cardenal de más edad del grupo de los diáconos, que en el cónclave se encargan de recoger las papeletas de aquellos purpurados que están impedidos por enfermedad para acercarse a depositar el voto.

entronización. Quizá muchos se pregunten ¿en qué momento el papa tiene la plena potestad de su función? Hasta el decreto de elección papal de Nicolás II (1059), el papa sólo podía realizar actos oficiales de gobierno tras su entronización, una ceremonia que tenía lugar después de que el papa fuera consagrado en la basílica de San Pedro. Desde el siglo xx, el papa asume la «plena y máxima potestad en la Iglesia» en el momento en el que, dentro todavía del cónclave, dice que acepta su nombramiento. Pero no la puede ejercer si no es obispo. En ese caso tendrá que esperar a ser ordenado. La llamada «misa de entronización» no tiene ningún tipo de consecuencia jurídica.

«Extra omnes». Orden que significa «todos fuera» y que pronuncia el maestro de ceremonias en el inicio del cónclave. Con ella se indica que se va a cerrar la capilla Sixtina y que todo el mundo salvo los cardenales y la persona elegida por la Congregación General para pronunciar el segundo discurso *De eligendo pontifice* debe abandonar la sala.

féretro. Según la tradición, el cuerpo del pontífice debe ser depositado en tres féretros. El exterior es de madera de olmo pulimentada; el del medio de plomo, para evitar la humedad; y el interior de madera de pino. Dentro del féretro se deposita también el *rogito*, un documento en latín sobre la vida del papa, y unas bolsas de piel que contienen las monedas acuñadas durante su pontificado.

fumata. Humo que sale de una chimenea de la capilla Sixtina y que anuncia a los fieles el desarrollo de las votaciones para elegir al nuevo papa. Se origina mediante la combustión de las papeletas en una estufa de hierro. Si es de color negro significa que no se ha alcanzado éxito en las votaciones. Si el humo es blanco se produce la denominada fumata blanca, lo que indica que hay nuevo papa. Para evitar cualquier tipo de duda, la fumata blanca se acompaña con el repique de campanas de la basílica de San Pedro.

guardia suiza. Es el ejército más pequeño del mundo: tiene tan sólo 110 miembros. Fue creado por el papa Julio II en 1503, después de una negociación con varios cantones suizos para que le enviaran a Roma un grupo de soldados como guardia personal para su propia residencia. La guardia suiza sufrió un duro castigo en 1527 durante el saqueo de Roma por parte de las tropas del emperador Carlos I como represalia por su política pro francesa.

«Eligo in summum pontificem». Frase que significa «Elijo como sumo pontífice» y que está inscrita en la parte superior de cada una de las papeletas que reciben los electores para la votación del nuevo papa.

«Habemus papam». Fórmula con la que se anuncia la elección del nuevo papa. Es pronunciada por el cardenal más anciano justo antes de que el elegido se asome al balcón de las bendiciones. La fórmula completa es: *«Annuntio vobis gaudium magnum! Habemus papam. Eminentissimum AC Reverendissimum Dominum Cardinalem Sanctae Romanae Ecclesiae* [en este punto inserta el nombre en latín], *qui sibi nomen imposuit* [en este punto inserta el nombre que adoptará].»

infalibilidad. La infalibilidad papal se decretó en el Concilio Vaticano I con dificultad, y fueron necesarias fuertes presiones del papa. Los términos están escritos en los capítulos 3 y 4 de la constitución *Pastor Aeternus*. La proclamación de que el papa no se equivoca cuando habla *ex catedra* despertó una fuerte resistencia en las Iglesias católicas orientales, que la veían como una amenaza para sus tradiciones, pero también en una parte de los cleros alemán y francés, que temieron desde el primer momento caer en una situación de tutelaje por parte de la curia romana.

juramento. Todos los oficiales y asistentes al cónclave deben prestar un juramento un día o dos antes del cónclave ante el secretario del cónclave. En primer lugar, el cardenal decano lee en voz alta una fórmula en la que se asegura que los electores cumplirán su cometido con diligencia y guardarán secreto inviolable sobre todo lo relativo a la elección del nuevo pontífice, prometen no usar instrumentos de transmisión ni cámaras, y no saldrán del cónclave salvo enfermedad reconocida bajo juramento por los médicos, y si lo hacen nunca podrán volver. Posteriormente, cada uno de los cardenales electores, según orden de edad, prestará juramento tocando los Santos Evangelios.

maestro de ceremonias. Es el sacerdote que dirige las ceremonias (o bien del papa o de los obispos) y se encarga de los ritos. Si desarrolla su función con el papa, es también el responsable del departamento que se encarga de las celebraciones litúrgicas.

misa «pro eligendo papa». Misa que señala el inicio del cónclave. Se celebra en la basílica de San Pedro y asisten a ella todos los cardenales electores. Durante su celebración se pronuncia una homilía, que es uno de los sermones que despiertan más interés en esos días y que tras el fallecimiento de Juan Pablo II pronunció el entonces cardenal Joseph Ratzinger. Una vez finalizada, los purpurados se dirigen en procesión a la capilla Sixtina, donde dan comienzo las votaciones. En retrospectiva, muchos ven en aquella homilía la primera manifestación de la voluntad de Ratzinger como papa.

mitra. Toca alta y de forma puntiaguda que llevan el papa, los obispos, arzobispos y otros eclesiásticos cuando ofician. Está compuesta por dos secciones triangulares de las que cuelgan dos cintas anchas denominadas *ínfulas*.

nombre. Una vez terminadas las votaciones, el mayor de los cardenales diáconos pregunta al elegido: «¿Aceptas tu elección canónica a Sumo Pontífice?», y después de la aceptación le pregunta: «¿Cómo quieres ser llamado?» La elección de un nuevo nombre es una tradición que se remonta al año 533. Es un acto cargado de significado, ya que es la primera señal que permite conocer hacia dónde orientará el nuevo papa su pontificado. En función del nombre elegido, el nuevo pontífice se inscribe a una determinada tradición.

novendiales. Tiempo que transcurre entre la muerte del papa y la reunión del cónclave. Se trata del periodo de tiempo necesario para que los cardenales lleguen a Roma y se prepare el cónclave. Su nombre viene de la costumbre de celebrar el cónclave nueve días después de la muerte del papa. Cada día durante este periodo se celebra un funeral por el papa muerto.

obispo. Después del papa, el grado de responsabilidad más alto en la Iglesia católica es el de obispo. Los arzobispos y los cardenales son sólo grados dentro de la categoría de obispo, aunque ya hemos visto que se puede ser cardenal sin ser obispo, pero nunca se puede ser papa sin alcanzar la categoría de obispo, y las normas establecen que si el elegido como pontífice no lo es, se le debe ordenar de forma inmediata. Los arzobispos son obispos que tienen a su cargo grandes diócesis. El obispo es un pastor de una Iglesia local, y algunos tienen ayudantes, a los que se denomina obispos auxiliares. Todos los obispos tienen una diócesis asignada, pero algunas de estas diócesis sólo existen como nombre. Es el caso de monseñor Jacques Gaillot, expedientado por el Vaticano y que fue asignado a la diócesis de Paternia, algo que sólo existe en los papeles.

«Ordo Exsequiarum Romani Pontificis». Rito establecido en la constitución apostólica *Universi Dominici Gregis,* promulgada por Juan Pablo II en 1996 y que determina cómo deben ser las exequias del difunto pontífice.

«Ordo Rituum Conclavis». Rito establecido en la constitución apostólica *Universi Dominici Gregis*, promulgada por Juan Pablo II en 1996 y que determina los procesos que deben seguirse en el cónclave.

«Pallium». Banda circular de lana que contiene seis cruces de seda negra y está adornada con piedras preciosas. Está realizada por una comunidad de monjas benedictinas con lana de dos corderos bendecidos el 21 de enero, fiesta de Santa Inés. Durante la misa de coronación, el más anciano de los cardenales de la orden de los diáconos coloca el palio en el cuello del papa. Es un símbolo que se remonta a los emperadores de la antigua Roma y que simboliza la autoridad del papa y su misión de servicio.

penitenciario mayor. Responsable de la penitenciaría apostólica. Su función es recibir las peticiones de perdón de los pecados. Entre ellos está el perdón de pecados de especial gravedad. El penitenciario mantiene sus funciones durante la sede vacante. Su origen se remonta al siglo XII, y era el encargado de recibir las confesiones en nombre del papa y de otorgar las dispensas. Con el tiempo ha ido evolucionando y se ha convertido en el encargado del fuero interno y de dictaminar sobre los problemas del Derecho canónico. Algunos consideran que es una institución arcaica impropia de un gobierno moderno.

pescatorio. Es el anillo del papa, que es destruido a la muerte del pontífice. Se conoce como *piscatorio* porque es un símbolo del ministerio de Pedro, que fue pescador.

pontífice. El nombre está tomado de los antiguos emperadores romanos y significa «el que construye puentes». El título forma parte de la simbología del poder terrenal de los papas. El título primordial, el de mayor relevancia espiritual, es el de obispo de Roma.

relatores o escrutadores. Se ocupan de contar los votos para la elección del papa. Una vez todos los electores han depositado su voto, deben comprobar que el número de papeletas corresponde al de electores. Si no corresponde, deben eliminar las papeletas en el fuego sin abrirlas. En caso contrario, comenzará el escrutinio en voz alta. Uno de los encargados de los votos abre las papeletas, el segundo las lee y el tercero perfora cada una de ellas con una aguja en la zona donde está escrita la palabra *eligo* para marcar que ese voto ya ha sido contabilizado.

renuncia. Sano o enfermo, el papa sigue al frente de la Iglesia hasta que muere o hasta que renuncia. El caso más célebre es el de Celestino V, que abandonó en 1294, y fue colocado por Dante en su infierno. La mayoría de los papas han sentido que una renuncia era inaceptable. Pablo VI llegó a decir que la paternidad no contempla la dimisión. El Código de Derecho canónico de 1917 y las normas dictadas en 1975 por el papa Pablo VI prevén la dimisión de un papa pero nunca su destitución. El papa puede renunciar a la silla de Pedro sólo si lo hace en plena disposición de sus facultades y nunca bajo presiones. El problema se planteó con más gravedad en los últimos años del papado de Juan Pablo II, enfermo de Parkinson. No existe en el derecho canónico y en las normas que regulan la elección del pontífice ninguna previsión para destituir u obligar a dimitir a un papa enfermo o psíquicamente impedido. El teólogo jesuita Thomas Reese reclama en su libro *Inside the Vatican* un procedimiento para apartar al papa en caso de que se den circunstancias extremas y sugiere que sea un procedimiento en el que estén implicados los cardenales y el Sínodo de los Obispos, con la aritmética suficiente para que la destitución tenga al menos el mismo consenso que la elección.

«rogito». Documento en latín sobre la vida del difunto papa. Es leído durante el funeral y posteriormente se coloca en el féretro del difunto pontífice dentro de un tubo de plomo.

sede vacante. Es el término latino que denomina el período que media entre el fin de un pontificado y la elección de un nuevo papa. Se puede dar por renuncia al cargo, como en los casos de Benedicto IX, Gregorio VI, Celestino V o Gregorio XII, o por muerte del pontífice. Las reglas de la sede vacante están escritas en la constitución *Universi Dominici Gregis*. Cuando el papa muere, expiran todos los cargos de la curia salvo el del camarlengo, el del penitenciario mayor y el del vicario general de la diócesis de Roma. El principio de sede vacante *nihil innovetur* prohíbe hacer cambios que condicionen la libertad del sucesor.

sediarios. Antiguos portadores de la silla gestatoria. En la actualidad son los encargados de llevar el féretro en el funeral del papa.

silla gestatoria. Asiento en el que los sediarios llevaban al papa en volandas. Este acto tenía un motivo simbólico pero también práctico, ya que permitía que todo el mundo pudiera ver al pontífice.

simonía. Es el comercio de privilegios religiosos y favores, como las indulgencias. La simonía fue una de las primeras causas de la reforma protestante de Martín Lutero en el siglo XVI. En caso de que un papa haya sido elegido gracias a acuerdos que impliquen pecado de simonía, los culpables son excomulgados, pero la elección es válida siempre que haya respetado las normas establecidas para la votación y el escrutinio.

Sínodo de los obispos. En el Concilio Vaticano II, los obispos buscaron una forma institucional para seguir implicados en el gobierno de la Iglesia una vez terminados los trabajos conciliares. La idea fue sugerida por el patriarca Máximos IV, tomando como base la organización de las Iglesias del Este. Pablo VI firmó un documento en el que se establecían las competencias y funciones del Sínodo. Entre un concilio y otro, el sínodo es la voz del Colegio de los Obispos en todos aquellos asuntos que afectan a la Iglesia en el mundo. El Sínodo es también la expresión de la colegialidad en el gobierno de la Iglesia. Para los más liberales, su poder es débil y su eficacia limitada a la hora de trasladar al papa las disidencias o los puntos de vista críticos con la doctrina oficial. El papel del Sínodo es el de un consejo: el papa lo convoca y somete las cuestiones que a su juicio se deben discutir, preside sus sesiones o a veces delega esa función en algún cardenal, y lo puede suspender cuando quiera. El margen de influencia y el papel del Sínodo dependen del papa. Hay tres tipos de sínodos: el ordinario, el extraordinario y el especial. El ordinario es el más común y se suele celebrar en el Vaticano los meses de octubre. Desde 1967 se han celebrado nueve sínodos de este tipo. Cada conferencia episcopal envía a este tipo de reuniones entre uno y cuatro obispos. Desde el final del concilio sólo ha habido dos sínodos extraordinarios. Son reuniones que deben dar respuesta a asuntos que necesitan una postura urgente y rápida. Los sínodos especiales se convocan para discutir cuestiones que afectan a una sola región de la Iglesia, por ejemplo, el europeo (1991), el de Holanda (1980) o el africano (1994).

sustituto. La Secretaría de Estado tiene una estructura sencilla. Del secretario de Estado dependen la secretaría para las relaciones con los estados, y el *sostituto*, que se encarga de los asuntos generales, y al que en algún momento hemos denominado como el «ministro del Interior del Vaticano». El sustituto se encarga de la coordinación de todos los departamentos de la curia. Actúa, además, como secretario del papa para todo tipo de documentos, y para esa función tiene a su cargo ocho secciones lingüísticas: inglés, francés, alemán, italiano, latín, portugués, español y polaco. Todo lo que llega al papa y todo lo que sale de sus despachos pasa por esas secciones: traducciones, preparación de documentos, correspondencia, cartas y hasta las encíclicas. Las dos secciones de la Secretaría de Estado están situadas en la tercera planta de los palacios Apostólicos, el mismo piso de los apartamentos papales. El uso de las lenguas es fundamental en una administración que tiene que desarrollar una comunicación universal de sus documentos. Las encíclicas se traducen a casi todas las lenguas del mundo, y se archivan en latín, porque al ser una lengua muerta, sus términos no están sujetos a las variaciones que el uso provoca en las lenguas vivas.

tiara. Tocado alto de metales y piedras preciosas con tres coronas que simboliza la autoridad papal en sus tres potestades. En el pasado era colocada sobre el papa en la misa de entronización. El último en ser coronado con una tiara fue Pablo VI. En la actualidad ya no se usa. Algunas de ellas se conservan en los Museos Vaticanos.

«Universi Dominici Gregis». Constitución apostólica publicada el 22 de febrero de 1996 por el papa Juan Pablo II y en la que se fijan las normas sobre la sede vacante y la elección del pontífice romano.

velo de seda. De acuerdo con la tradición, velo con el que debe cubrirse el rostro del difunto papa antes de cerrar el primer féretro, el de ciprés.

«Veni creator». Canción que entonan los cardenales antes de entrar en el cónclave y en la que invocan el consejo y la guía del Espíritu Santo.

visita «ad limina». En su origen, en latín, es la visita *ad limina apostolorum*, la visita a los umbrales de las tumbas de los apóstoles. Se trata de una visita de los obispos al papa, para llevar un informe sobre su diócesis. Los obispos la deben realizar cada cinco años.

«zelanti». Es el término que designa a los grupos del cónclave que representan a la jerarquía o a las posiciones más conservadoras. En los siglos XVIII y XIX, los partidos del Colegio Cardenalicio se dividían en *zelanti*, *moderati* y *liberali*.

Obras de Joseph Ratzinger en español

Ratzinger, Joseph, *Fe, verdad y tolerancia: el cristianismo y las religiones del mundo*, Ediciones Sígueme, Salamanca, 2005.

—, *Convocados en el camino de la fe: la iglesia como comunión*, Ediciones Cristiandad, Madrid, 2004.

—, *La fraternidad de los cristianos*, Ediciones Sígueme, Salamanca, 2004.

—, *Dios y el mundo: creer y vivir en nuestra época*, Círculo de Lectores, Galaxia Gutenberg, Barcelona, 2003.

—, *La eucaristía centro de la vida: Dios está cerca de nosotros*, Comercial Editora de Publicaciones, C.B., Valencia, 2003.

—, *Introducción al cristianismo*, Ediciones Sígueme, Salamanca, 2002.

—, *La esencia de la liturgia: una introducción*, Ediciones Cristiandad, Madrid, 2002.

—, *En el principio creó Dios: cuatro sermones de Cuaresma sobre creación y el pecado*, Comercial Editora de Publicaciones, C.B., Valencia, 2001.

—, *La esencia de la liturgia: una introducción*, Ediciones Cristiandad, Madrid, 2001.

—, *Verdad, valores, poder: piedras de toque de la sociedad pluralista*, Ediciones Rialp, Madrid, 2000.

Balthasar, Hans Urs von y Joseph Ratzinger, *María, Iglesia naciente*, Encuentro Ediciones, Madrid, 1999.

—, *Principios de moral cristiana: compendio*, Comercial Editora de Publicaciones, C.B., Valencia, 1999.

Ratzinger, Joseph, *Un canto nuevo para el Señor*, Ediciones Sígueme, Salamanca, 1999.

—, *Vía crucis*, Encuentro Ediciones, Madrid, 1999.

—, *De la mano de Cristo: homilías sobre la Virgen y algunos Santos*, Eunsa. Ediciones Universidad de Navarra, Barañáin, 1998.

—, *Imágenes de la esperanza*, Encuentro Ediciones, Madrid, 1998.

González de Cardedal, Olegario, José Ignacio González Faus y Joseph Ratzinger, *Salvador del mundo: historia y actualidad de Jesucristo*, Secretariado Trinitario, Salamanca, 1997.

Ratzinger, Joseph, *La fe como camino*, Ediciones Internacionales Universitarias, Madrid, 1997.

—, *La sal de la tierra*, Ediciones Palabra, Madrid, 1997.

—, *Evangelio, catequesis y catecismo*, Comercial Editora de Publicaciones, Valencia, 1996.

Ratzinger, Joseph y Christoph Schönborn, *Introducción al Catecismo de la Iglesia Católica*, Editorial Ciudad Nueva, Madrid, 1995.

Ratzinger, Joseph, *Ser cristiano en la era neopagana*, Encuentro Ediciones, Madrid, 1995.

—, *La Iglesia: una comunidad siempre en camino*, Ediciones San Pablo, Madrid, 1994.

—, *Una mirada a Europa*, Ediciones Rialp, Madrid, 1993.

—, *Creación y pecado*, Eunsa. Ediciones Universidad de Navarra, Barañáin, 1992.
—, *Cooperadores de la verdad*, Ediciones Rialp, Madrid, 1991.
—, *El camino pascual*, Biblioteca de Autores Cristianos, Madrid, 1990.
—, *Mirar a Cristo*, Comercial Editora de Publicaciones, Valencia, 1990.
—, *Servidor de vuestra alegría*, Editorial Herder, Barcelona, 1989.
—, *Iglesia, ecumenismo y política*, Biblioteca de Autores Cristianos, Madrid, 1987.
—, *Teoría de los principios teológicos: materiales para una teología fundamental*, Editorial Herder, Barcelona, 1986.
—, *Informe sobre la fe*, Biblioteca de Autores Cristianos, Madrid, 1985.
—, *El rostro de Dios*, Ediciones Sígueme, Salamanca, 1983.
—, *El Dios de Jesucristo*, Ediciones Sígueme, Salamanca, 1980.
—, *Misión de la mujer en la Iglesia*, Biblioteca de Autores Cristianos, Madrid, 1978.
—, *Palabra en la iglesia*, Ediciones Sígueme, Salamanca, 1976.
Auer, Johann y Joseph Ratzinger, *Curso de teología dogmática*, Editorial Herder, Barcelona, 1975.
Ratzinger, Joseph, *¿Por qué soy cristiano? ¿Por qué permanezco todavía en la iglesia?*, Ediciones Sígueme, Salamaca, 1975.
—, *Dios como problema*, Ediciones Cristiandad, Madrid, 1973.
—, *Fe y futuro*, Ediciones Sígueme, Salamanca, 1973.
—, *El nuevo pueblo de Dios: esquemas para una eclesiología*, Editorial Herder, Barcelona, 1972.
—, *La unidad de las naciones*, Fax, Madrid, 1972.

—, *Teología e Historia*, Ediciones Sígueme, Salamanca, 1972.
—, *Democracia en la Iglesia*, Ediciones San Pablo, Madrid, 1971.
—, *Transustanciación y Eucaristía*, Ediciones San Pablo, Madrid, 1969.
—, *Ser cristiano*, Ediciones Sígueme, Salamanca, 1967.
—, *El Dios de la fe y el Dios de los filósofos*, Taurus Ediciones, Madrid, 1962.
—, *La fraternidad cristiana*, Taurus Ediciones, Madrid, 1962.